Investment

Investment

THE CON MEN

金融騙局

驚世詭計大揭密 寫給所有投資人的警示書

A History of Financial Fraud and the Lessons You Can Learn

LEO GOUGH
李奧・高夫——著

聞翊均——譯

目錄 Contents

【推薦序】騙局、騙子以及
你是怎麼被騙的？／Jet Lee 009
【推薦序】金融詐騙，無所不在／雷浩斯 013
【前　言】很不幸地，這都是真的 017

Part 1
永不消逝的金融騙局 023

Chapter 1 恐怖故事 025

貌似正經的伯納德．馬多夫
不認罪的艾倫．史丹佛
你怎知是投資大師，還是騙子
真正的主角
世界通訊醜聞
我們還能相信誰

Chapter 2 必須對市場有信心…… 043

內線交易
套利者：伊凡．博斯基和丹尼斯．李維
飢渴的掠食者：羅伯特．韋斯科
格達費、卡斯楚與獨立建國
預防與矯正

Chapter 3 炫目的新投資和老套的舊把戲 067

龐氏騙局

拉高倒貨騙局

完美犯罪？

證交會對馬多夫的懷疑

與核心問題失之交臂

一群菜鳥負責調查詐騙老手

完美適應環境的寄生蟲

Part 2 識別詐騙者 091

Chapter 4 是鯊魚，還是瘋子？ 093

有金融詐欺犯是病態人格者嗎？

病態人格者的弱點

容易滋生欺詐行為的情境

奈及利亞詐騙集團的特殊之處

評估受託方人格的可行性

目錄 Contents

Chapter 5 擋不住誘惑：艾倫・史丹佛的故事 113

境外法域

務實的南方佬

誠信的公司，正直的老闆

不斷吸金，核心團隊都非金融專業

滲透進一國的金融監管機關

不是銀行家，是開發商

證交會的縱容？

Chapter 6 巫術式管理：創造帳面利潤的金融騙術 133

奧林巴斯醜聞

驚動西方的日本公司醜聞

勃利・派克的崛起

迅速成長，代表有問題

用盲人的眼睛觀察玻璃

掀起政壇風暴

投資人對上商業巫師

Part 3
我們為什麼活該被騙？ 153

Chapter 7 投資罪行：相信假先知、為末世投資與貨幣幻覺 155

理財大師教你的，並非財務教育
勵志話語不是金融教育
等待世界末日的金蟲們
越南難民潮與德國惡性通膨
貨幣幻覺
為什麼有些人總是上當？

Chapter 8 系統中的道德風險 173

金融系統的道德風險，是詐欺
倫敦同業拆放利率醜聞
阿拉巴馬州傑佛遜郡詐欺案
從嚴防堵銀行業的無節制行為

Chapter 9 有漏洞的盡職調查 189

伯納德・馬多夫提供的服務
從來沒有一年賠錢？
書呆子哈利・馬可波羅的檢舉

關於基金與組合型基金
永遠都要重視盡職調查

Part 4
如何避免受騙？ 205

Chapter 10 都叫基金，但長相不同 207

避險基金
寬鬆的避險基金法規
佰鈺集團避險基金詐騙案
投資人的超級王牌
避開避險基金詐騙

Chapter 11 做假帳：公司帳目的問題 225

法律的差異
從投資人角度看公司治理
公司帳目
瘋狂艾迪公司
明顯的違法行為，如何演變成詐騙
200萬滾成2000萬

安隆風暴
一步錯，步步錯
只是亡羊補牢，遠遠不夠
投資人與帳目

Chapter 12 更穩健的策略 253
對抗詐騙的第一道防線
分散投資的重要性
投資底線
資產配置
在投資叢林中保持理智

【後　記】下個牛市，騙子將捲土重來 269

延伸閱讀 275

【推薦序】
騙局、騙子以及你是怎麼被騙的？

Jet Lee

人類的天性有很多種，其中一個就是欺騙。如果聖經是真的，夏娃就是人類史上第一個遭受欺騙的受害者。

「欺騙」這件事，可能已經在人類社會存在幾千年。騙局隨著時代不斷推陳出新，騙子也早就不如戲劇中那般猥瑣。越大的騙局，騙子就越顯得有社會地位，穿著就更加精緻，生活過得更加像人們口中的「人生勝利組」。

可奇怪的是，千百年來，人們對於騙局及騙子的辨識能力，卻沒有什麼明顯地進步。並不是因為人們的知識沒有長進，相反地，近一百年來，人類科技及知識的發展如同明燈劃破黑夜一般，帶給人類社會長足的進展。

究其根本，還是人類的貪婪天性蒙蔽了理智，所以明明知道有詐，卻還是忍不住想要賭一把。不相信嗎？還記得今年台股最夯的航海王故事嗎？

或許你並不覺得自己是貪婪的受騙者。但事實上，我們任何一個人，做的任何一個有關金錢上的決策，都很有可能受騙上當。

騙子們建立各種讓人有信賴感的人設、提出極其優渥的虛幻報酬率，背後可能還有龐大的共犯集團（不管你有意或無意，你可能都是其中一分子），只為讓你相信他們是真心想要幫你賺錢，然後令你無從逃脫他們設下的局。

騙子們會設計很多激勵人心的口號，為你編織許多綺麗的致富夢境，就是希望你相信他們，然後安心地走入騙局。

騙子們不只騙你，更會精心設計眾多的金融商品，目的就是想要詐騙管理你血汗錢的金融業者。所以縱使你選對了良善的資產管理者，但最後他們卻可能被「人間巨騙」拐走了大多數的金錢。

那麼，我們真的無法躲開這些吸血蟲嗎？靠政府監管可行嗎？

政府的監管機制，永遠都落後人性一步。通常都是新一代的騙局泡沫破滅以後，監管機關才會知道應該怎麼防堵這樣的騙局。

如果政府不是完全可以相信的，那我們可以相信大型的跨國金融機構嗎？

未必，當年的馬多夫騙局，不就正有許多的跨國金融機構也受騙上當了嗎？他們不見得就比你聰明多少，畢竟虧掉的是你的錢，不是從他口袋掏出去的。

那我們該怎麼破解騙局呢？關鍵都在你自己身上；只有你可以救你自己。

我們不妨回想過去從小的學習經驗。

為什麼我們需要學習、理解歷史？學習歷史是希望人們可以鑑古知今，了解過去人們為什麼受到傷害，又該怎麼避開這些危險。這本《金融騙局：驚世詭計大揭密，寫給所有投資人的警示書》，正是透過分析過往的經典詐騙故事，來讓人們得以理解騙局是怎麼開展的，然後又是怎麼掉進騙局的。

千萬不要以為書中的案例都已經過時，直至今日，人類社會一樣充斥著相同模式的騙局，只是換個包裝再來一次。我們一樣可以從這些案例中，找到構成騙局的脈絡，然後看清身邊正在發生的事。

我看到這本書的當下其實相當驚訝，原來我剛好跟作者有相同的認知：奉行「指數化投資」，正是可以輕鬆避開騙局的好方法。指數化投資，就是照亮騙局、讓投資人避開詐騙的燈塔。

我相信各位在熟讀這本書的內容，並且專一執行指數化投資之後，你在未來人生受到金融詐騙傷害的機會，就能降至最低。

（本文作者為「Jet Lee的投資隨筆」粉絲團版主。）

【推薦序】
金融詐騙，無所不在

雷浩斯

我們的周圍，其實騙子比想像中還多，尤其在金融界，如果剛好股市大漲，投機氣氛狂熱，等同替騙子創造了良好的詐騙環境。

這些金融界的騙子之所以能得手，是他們努力地讓自己看起來很正常，甚至是看起來很成功，他們的社群網站上充斥著和名人的合照，發表著類似直銷洗腦的話語，甚至頂著高學歷，看似年輕有為，實際上金玉其外。

金融詐騙通常會透過兩種方式執行，本書提到最常見的「龐氏騙局」和「養、套、殺」。

龐氏騙局通常包裝成一種生意，例如特殊的賣黃金貿易，或者看似有利的新商業模式。他們會用高過一般的報酬率來騙你進場，例如每個月6％的報酬率，一年就有72％了，這種明顯不合理的績效，就是詐騙的徵兆之一。

投資人之所以會被龐氏騙局欺騙，是因為一開始都是小額投入，大多數的人會認為小錢被騙後損失有限。但是當你領到了第一批的利息錢（誘餌）之後，很多人就開始被貪念影響，大量地投錢進去，最後就血本無歸。

破解龐氏騙局的方法很簡單，你只要問自己：「如果有這麼好賺，為什麼他們不自己賺就好了？」

股市之中的「養、套、殺」是另一種常見的金融詐騙方式，分成上市公司和未上市公司。

早期台股的蠻荒時代中，金融分析師的法規證照未備齊，因此常有許多非專業的電視投顧老師，大量地慫恿股民買股票。

現在的網路社群時代，這種現象不但沒有減少，反而變得更加猖獗，許多網路上的投資社團、假粉絲頁或是假的line群組不斷地餵食資訊，讓沒有判斷力的投資人頭昏眼花，進而成為詐騙者眼中的肥羊，淪為被割的韭菜。

未上市公司的股票詐騙，則通常是用一對一的私下誘拐話術：「這檔股票快要上市了，上市之後至少會賺十倍。」如果剛好被貪念影響，那麼中招的機率就會變得很大，最後得不償失。

請讓我們再重新回顧上述那個問題：「如果有這麼好賺的事情，為什麼他們不自己賺就好了，還要特地跟我講？」這是很基本的邏輯。

股票套牢，你還有可能賺回來；但錢被騙子騙走了，是絕對拿不回來的。

希望讀者們能透過本書，了解更多防範詐騙的方法。唯有讓自己多充實知識武裝起來，才能真正防範詐騙。

（本文作者為知名價值投資者、財經作家。）

【前言】
很不幸地，這都是真的

在大型詐騙案中，受害的投資人鮮少能夠把錢全額拿回來。事實上，他們通常連一毛錢也拿不回來。

在電子收銀機出現前，我和朋友去酒吧時，常會做以下嘗試：每次我們先買好一輪酒，就把總價記錄下來，然後看看下一輪的價格是否有不一樣。常常會出現就算每個人在這一輪買的酒都和上一輪一樣，但兩輪的價格還是很可能出現差異。這到底是怎麼一回事？我們該把這種算錯錢的事怪在誰的頭上？或許這是因為酒吧員工的數學不好，因此應該怪政府吧，怎麼可以讓那些計算能力不佳的人從學校畢業？或許是因為這間酒吧的員工人數不足吧，所以酒保嚴重過勞才導致他犯了錯，如果是這樣的話，那應該要怪這間店的老闆實在太苛刻了。我們甚至還可以把責任歸在那些總是深夜時段喝得醉醺醺的顧客們。然而，我們不妨大膽地提出另一種可能性：或許，這是因為酒吧員工故意多收了某幾輪的酒水錢，然後把差額放進自己的口袋。有些比較老派的人，應該會說這根本就是小偷的行為。

近幾年，由於各種醜聞而遭受抨擊的金融服務業，也發生類似上述酒吧情節的現象。在2008年金融危機過後，這種現象變得尤其明顯。自1980年代以來，全球的金融服務業開始大舉擴張，各地陷入消費資本主義浪潮，導致大批訓練不足的員工經常不當銷售這些投資產品，甚至根本不知道自己賣的是什麼東西。在法規鬆綁的前提下，許多原本意興闌珊的金融機構在進入新時代後，為求生存只能開始加入激烈競爭行列。此外，向來貪婪的消費者似乎變得更加貪婪了。從某種角度來說，社會大眾是「活該」在2008年遭遇金融危機，因為大家一看到放寬信貸就想占便宜，之後又不把那些「有能力預防這些危機卻沒做到」的政客趕下臺。

雖然本書會提到各種金融業的缺失，但這並非本書重點。本書重點在於完整描述由個人所犯下的金融詐欺案，而且規模大到讓前述的酒吧之類比，顯得像是童話故事。當然酒吧員工多收錢，等於是從你和他的雇主那裡偷竊，但他能放進口袋裡的金額，只會是你付出的錢與實際金額間的差額。可在金融服務業中的「偷」，就不是這樣了，那些詐欺犯放進口袋裡的錢可是遠比差額還要大到數倍之多，而且有時下手偷竊的並非食物鏈最底層的員工，能偷到最多錢的通常都是大老闆。

舉例來說，身為那斯達克證交所（NASDAQ）[1]前主席的伯納德・馬多夫（Bernard Madoff）過去以從事慈善事業聞名，許多人更欽佩他能在經營自家的股票證券公司時取得長期成功，但他在2009年因詐騙客戶650億美元而遭定罪。同一年，美國監管機構起訴了富商艾倫．史丹佛（Allen Stanford），罪名是涉嫌利用自家公司史丹佛國際銀行（Stanford International Bank）詐騙客戶80億美元，他也因此失去加勒比島國安地卡及巴布達（Antigua and Barbuda）所授予的爵位。2006年，安隆公司（Enron）執行長肯尼斯．雷伊（Kenneth Lay）因19項詐欺罪名被定罪，其中包括做假帳與內線交易。安隆公司的公司債投資人，對於該公司在破產四天前依然擁有AAA信用評級而感到怒火中燒。義大利的帕瑪拉特食品集團（Parmalat）在2003年倒閉時負債200億，公司創始人是熱愛藝術的百萬富翁卡利斯托．坦齊（Calisto Tanzi），如今因為侵占財產和做假帳在獄中服刑。2002年，美國世界通訊電信公司（WorldCom）申請破產，據估計投資人因此賠掉1000億美元；公司執行長伯納德．艾博斯（Bernard Ebbers）因證券詐欺與做假帳，正在服刑期25年的有期徒刑。

儘管媒體每次都會在新的詐騙醜聞出現時，用震驚態度進行報導，但金融騙局其實算不上罕見，甚至可說**發生頻率非常頻繁**。

---

1 National Association of Securities Dealers Automated Quotations ，NASDAQ。美國主要證券交易市場之一，完整名稱為：美國證券交易商協會自動報價系統。

懂得防範與自保

投資人的記性，向來很差。

——羅曼·阿布拉莫維奇（Roman Abramovich），

俄羅斯億萬富翁

在大型詐騙案中，受害的投資人鮮少能夠把錢全額拿回來。事實上，他們通常連一毛錢也拿不回來。我撰寫這本書的初衷，主要是給那些想避免受騙的投資人一些提醒，但其實對投資不感興趣的人，也一樣可從這本書受益。正如稍後會在書中提到的，詐欺和其他金融相關的不當行為，其實會嚴重影響到整個經濟體。這裡所說的經濟體不單指一個國家，而是全世界。舉例來說，我在撰寫本書的這一年，民眾想在英國申請房貸是很困難的一件事；不過數年前，申請房貸簡直是易如反掌。這種難度變化的主要原因，就在於2007年美國暴增的次級房貸中，許多詐騙案嚴重波及到英國的一般大眾。更不要說希臘曾經全國都陷入一場悲慘困境之中，而部分原因正是希臘政府長期做假帳所導致。

遺憾的是，政治人物通常不會因為詐欺去坐牢。在西方民主社會中，詐欺所導致的最糟狀況就是政治人物落選。正如2010年奧斯卡最佳紀錄片《黑金風暴》（*Inside Job*）所描述的情節，金融業內的不當行為，很可能是系統性的，而這些行為就像黴菌一樣不斷蔓延生長，遍及政府當局、行政部門、監管機構、董事會、銀行、企業，甚至連學術界也不能倖免。該片最引人注目的其中一個面向，在於這是首次以影片呈現出某些資深的學院派經濟學家（他們可輕鬆地在美國的大學、企業董事會與政府部門間遊走），如何在發生金融超載（financial excess）[2]時，為這種現象提供偽造的學術辯護。該紀錄片也讓我們看到，這些經濟學家其實服從於投資銀行與投資公司，正是透過金融超載賺進最多錢的組織。這些學者其實心裡都很清楚，他們早該站出來制止金融危機發生，但他們沒有那麼做，反而是在明知情勢會以一場災難收場的狀況下，為這場魯莽的混戰背書。先別急著猜測《黑金風暴》的製作團隊大概是一群頭腦不清楚的政治極端分子，事實上該片導演查理斯．佛格森（Charles Ferguson）是麻省理工學院的政治學博士，他曾創辦一間軟體公司，之後以1.3億美元賣給微軟。他曾說：「我完全不認為自己是個反資本主義者或反商人士。不過，我的確反對大規模犯罪。所以，如果你認為反對大型詐騙就代表我是左派的話，那請便。」可見佛格森不是那種激進的無政府主義者！

各位不會在本書找到如何解決這些大型社會政治問題的解答，但你卻可以在本書中知道這些頭號詐欺犯——那些真

2 政府對金融機構的放任，導致大量資金流向股票和房地產，而後造成經濟泡沫。

Part 1

永不消逝的金融騙局

The Con Men：
A History of Financial Fraud and
the Lessons You Can Learn

Chapter 1

恐怖故事

我們該如何分辨像巴菲特這種真正誠實的投資老前輩，和馬多夫這種只有表面正直的人之間，有何差異？

貌似正經的伯納德．馬多夫

在現今的監管架構下，想從事違法行為是絕對不可能做到的。

——伯納德．馬多夫

伯納德．馬多夫在2009年因策畫了大規模的「龐氏騙局」（Ponzi scheme），而被判處150年有期徒刑。我們將在第3章進一步討論龐氏騙局的詳細結構。簡單來說，龐氏騙局是一種詐騙方法，詐欺犯提供給舊投資人的「投資收益」，是新投資人的錢，而非真正投資後獲得的收益。馬多夫事件的大意是：2008年美國經濟危機進入最高峰時，那斯達克前主席馬多夫的兩個兒子向政府單位揭發爸爸的犯罪行為，說他從許多投資人（其中不少人十分富有）手上騙走大量金錢。

馬多夫經營詐騙投資管理事業，製造虛構的帳目給客戶，編造出假的投資收益數據。若有任何客戶要領錢，他會把其他客戶的錢拿給他們。許多投資人之所以沒有注意到自己的錢落入馬多夫手上，是因為他們投資的許多基金是由其他公司管理，而那些公司會用這些錢「餵食」馬多夫的基金（這些基金被稱作「餵食基金」或「連結基金」〔feeder fund〕），而且通常不會把公司和馬多夫的關係告訴客戶。

該詐騙案牽連範圍極廣，監管機關又機能不全，再加上其他市場參與者的行為與馬多夫息息相關，這種種事實將帶領我們深入了解，身為散戶投資人時會面臨哪些風險。稍後本書將一一檢視此案的各種不同面向。

馬多夫1960年在華爾街創業。遭判刑時，他已擁有三間發展完善的金融服務公司：一間證券經紀商、一間自營交易公司（也就是用公司帳號交易的公司）和一間投資顧問公司。但在馬多夫的騙局崩解之前，幾乎沒有人知道他已利用那間投資顧問公司，執行巨大的龐氏騙局至少二十年之久。2008年12月，69歲的馬多夫找了已邁入中年的兩名兒子馬克和安德魯見面，向兩人坦承自己多年來一直在謊報客戶的投資報酬，因此他們的家庭即將破碎，而他自己則應該會鋃鐺入獄。他要兒子們過幾天再向政府單位舉發他，如此一來他才能把基金轉移到親友手上。在此案中，正義獲得伸張的速度算是相對迅速。2009年3月，馬多夫在法官面前承認自己的完整罪行，因此未開庭審理就直接遭到判刑。

這場詐騙的規模大到令人難以置信，所以相關問題沒有隨著判刑而消失。接下來幾年間，越來越多資訊逐漸曝光。一開始，眾人把注意力都集中在監管機構，尤其是美國證券交易委員會（Securities and Exchange Commission，SEC，後文將簡稱證交會）面對馬多夫時做出的錯誤反應。該機構從1992年開始收到許多有根有據的申訴，指出馬多夫的公司出了很嚴重的問題。最積極的申訴者是投資分析師哈利·馬可波羅（Harry Markopolos），他提出許多令人瞠目結舌的證據。不過雖然他花了數年付出許多努力，證交會依然徹底忽視他對馬多夫的指控（第3章將有更詳細的討論）。儘管如今美國政府已正式確認，馬多夫的詐騙史正如他認罪時所描述的，至少能回溯到1990年代早期，但他很有可能早在1960年代創業時期，就開始行騙了。

不認罪的艾倫·史丹佛

2002年，投資界的明日之星查爾斯·哈茲利特（Charles Hazlett）辭去原本在保德信證券（Prudential Securities）的工作，進入史丹佛集團公司（Stanford Group Company）的邁阿密分公司。此金融服務公司，隸屬由億萬富翁艾倫·史丹佛所成立的史丹佛金融集團（Stanford Financial Group）。哈茲利特就像他的頂頭上司一樣身材高大、聲如洪鐘，總是能讓人覺得充滿自信。

這個工作機會好到讓他完全不想錯過：18萬美元的年薪、能俯瞰邁阿密海岸的絕佳辦公室，以及保證高達40萬的紅利獎金。哈茲利特立刻滿懷熱忱地投入工作中，把史丹佛提供的產品盡數賣給投資人，並在短短數月內成為公司最頂尖業務員之一，因此獲得一部價值100萬的BMW作為紅利獎金。然而當哈茲利特在和客戶討論商品時，卻遇到許多問題，且公司都無法提供令他滿意的答覆。比如，為什麼公司提供給投資人的定期存單（Certificates of Deposit，CDs），上面的報酬率比其他公司都還要高？為什麼公司要這麼大力推銷這種投資商品？為什麼審計團隊的人數這麼少？為什麼販賣這些定期存單的銷售佣金，比其他相似產品的平均佣金還要高非常多？還有最關鍵的是，公司把這些客戶的存款都投資到哪去了？

哈茲利特去找當時28歲的史丹佛投資總監蘿拉・潘德傑斯特（Laura Pendergest），希望能當面解開疑惑，但卻無法從她那裡得到任何具體答案。最後，這場會面以潘德傑斯特哭著逃出辦公室作結。根據哈茲利特的說詞，公司財務總監詹姆斯・戴維斯（James Davis）沒多久就打了一通電話給他，而且口氣不是很好。哈茲利特很快就離開公司。雖然他在任職期間共賣出價值1700萬美元的定期存單，但他選擇致電給所有客戶，警告他們應該把錢從史丹佛公司那裡拿回來。

2005年，史丹佛集團旗下的金融服務機構：史丹佛國際銀行所提出的年度報告中，通篇想營造一種讓人振奮又安心的感受。如第二頁的標語寫著：「二十多個年頭，40億美元的總資金，我們開業的第一位客戶至今還在。」銀行董事長艾倫．史丹佛的聲明則是充滿溫情，他先感嘆在銀行開業以來的二十年間，全球各地的金融局勢出現了諸多改變，接著說銀行之所以能成功從1985年「在屈指可數的國家中服務數百位客戶」，成長為如今「在全球102個國家中服務超過35000名客戶、資金超過數十億美元的機構」，都要歸功於「我們有能力吸引金融服務業中最優秀的人才」以及「我們穩定的獲利能力」。

對一般讀者來說，這份報告裡並沒有什麼特別可疑之處，其中的裝腔作勢也和其他銀行的報告相差無幾。當時許多銀行都變得越來越去人性化，因此史丹佛國際銀行在報告中特別強調該銀行的人性面，更強調員工的正直與服務精神，對投資人來說應該是很有吸引力的。但銀行又該如何解釋公司地址位於加勒比海島嶼呢？副總裁尤金．基普（Eugene Kipper）對此事的解釋是：「本行的所在地是法規完善、稅率低廉的區域。」各位或許會認為公司地點只是個人喜好問題，但對美國與歐洲的一般投資人而言，沒有任何境外避稅天堂對投資人的保護，能勝過投資人的母國。我們可從之後發生的事件看到，島國安地卡的監管機構，並沒有善盡職責（第5章將有相關敘述）。

證交會從1980年代就開始持續調查史丹佛集團，終於在2009年2月採取行動，起訴人在德州的史丹佛正在執行「大規模的龐氏騙局」，並申請法院強制命令，凍結史丹佛集團的資產。2009年4月，美國廣播公司新聞網（ABC News）在休士頓一間餐廳外堵到史丹佛。他激動地說：「若這是龐氏騙局，我就下地獄。這絕不是。」他在之後的審判過程中也一直堅稱清白，在2012年6月14日遭判處110年有期徒刑時，還說自己不是個小偷，從沒蓄意詐騙任何人。

在我撰寫本書時，史丹佛的故事還沒結束。正如前面提到的，史丹佛已背負110年的有期徒刑（他在2010年於獄中受到毒打，原因是他霸占電話不放），不過目前還有其他一連串法律訴訟案還沒解決，其中包括史丹佛集團其他關鍵人物的審判。

你怎知是投資大師，還是騙子

馬多夫和史丹佛兩人的差異極大，但他們各自使用不同的方法，起碼使自己在表面上看來討人喜歡又值得信賴。他們給人一種自信滿滿的感覺，至少對那些選擇投資他們的人來說是如此——對一名騙子來說，這可是必要能力。只是，所有從大眾手中拿取錢財的投資公司，都必須讓客戶感到放心。**我們該如何分辨像華倫・巴菲特這樣真正誠實的投資老前輩**（至少我目前相信他是誠實的）**，和伯納德・馬多夫這類只有表面正直的人之間有何差別**呢？這十分困難，對沒有算數技能與分析技巧來識破公司財務資訊的人來說，更是難以做到。

伯納德・馬多夫的虛偽程度已經超乎一般人的想像。例如他曾在2007年公開說道：

> 基本上，在現今的監管架構下，想從事違法行為是絕對不可能做到的。然而社會大眾通常並不理解這點。當你在新聞上讀到幾篇報導、看到某人違反法律時，你只會說，看吧，他們一天到晚都在違法，但那些人絕不可能在違法的同時又不被抓到。長時間違法還不被發現，更是天方夜譚。

如父般的慈愛、個性隨和、知識淵博、謙虛低調又令人安心——這就是馬多夫給人的觀感，也正是許多投資人想看到的形象。若你也曾親耳聽到上述那些話，你會認為自己能得知馬多夫一直以來都在進行龐氏騙局嗎？

艾倫・史丹佛則以另一種方式讓人感到安心。他說自己生活儉樸，但他不只花費鉅款打造辦公室、在島國安地卡進行開發，並在機場旁邊建造一座大型綜合設施，讓史丹佛的客戶無須通過機場安檢。他甚至連私人生活也是揮霍無度。在2000年至2002年間，他在比佛利山莊的一間精品店花了超過40萬美金買衣服、在各國興建數間豪宅，還買了許多架私人噴射機與船隻，其中包括一艘英國海軍巡防艦。史丹佛很清楚要如何生活得像個成功人士，也很清楚要怎麼讓周遭的人覺得他非常成功。隨著他的生意不斷擴張，他對公關行銷的野心也變得越來越大，他時常接受《富比士》（*Forbes*）雜誌和電視臺的採訪，曾在休士頓大學對畢業生發表演說。

在艾倫・史丹佛進入板球的世界前，英國大眾對他並沒有什麼印象。板球與多數美國的冷門運動一樣，無法像籃球或美式橄欖球在大規模商業化之下賺進多源的獲益。2008年，史丹佛在安地卡建了一座豪華板球場（板球在當地頗受歡迎），再加上一間名叫「棘手三柱門」（The Sticky Wicket）的運動餐酒館。接著，史丹佛為英格蘭隊與西印度群島隊的比賽，提供贏者全拿的2000萬美元獎金。這場比賽是T20世界盃比賽（Twenty20）的其中一場。每場比賽中，各隊只有一局的機會，整場比賽大約只要三至四個小時就會結束。史丹佛支持的西印度群島隊贏了。後來他和英國板球協會（English Cricket Board）達成協議，要在接下來的五年間挹注1140萬英鎊推動英國板球。不過後來電視轉播了一場在安地卡舉辦的板球比賽，觀眾震驚地看到一群英國板球員的妻子，圍繞在史丹佛身邊陪他飲酒作樂，其中一名球員的太太甚至坐在他腿上。

大體上，安地卡國民很歡迎艾倫·史丹佛成為當地金融界的支配者。最大原因是他極大方地花很多錢在公共計畫上，並成為國內最大的私人企業雇主。2006年，他在保留美國國籍的狀態下獲得安地卡國籍與爵位（安地卡是獨立君主立憲制國家，國家元首為伊莉莎白女王，因此政府有權推薦封爵人選）。當地人對史丹佛的犯罪手法與可疑的財富來源視而不見。他們認為，儘管美國最後可能會逮捕他，但至少他目前在安地卡帶來的益處多過壞處。

真正的主角

雖然馬多夫和史丹佛的醜聞爆發期間，美國因法條過於寬鬆，導致金融服務業把全世界都拖進嚴重的金融危機泥淖中，但他們兩人並非當時業界會惹出大問題的典型人物，也不是真正的「內線」（insider）。在二十世紀的頭十年，「內線」的可疑行為，變成金融投資界的根本問題。當時的主要金融監管機構大多能力不足，其中最明顯的就是美國市場的監管機構證交會（詳見第3章與第5章）。這種環境對內線來說非常有利，他們的詐騙手段和其他大型企業常犯下的罪行，也幾乎沒有共通之處。儘管政府在金融危機期間抓出內線交易的詐騙行為，卻不是政府進行了因應的調查，而是因為市場崩潰，導致詐欺犯越來越難掩飾搖搖欲墜的騙局。

過去的金融危機案件中，重大詐欺犯都會依循該時代的典型犯罪模式行動。以1990年代為例，網路發明後，網際網路公司快速發展。當時人們嚴重高估許多網路公司的市值，而有些狡猾的創投業者設立公司，在股票市場進行首次公開募股（Initial Public Offerings，IPO）。事實上許多公司根本沒有賺進任何一毛錢，但狂熱的投資人依然把大量現金交了出來。當然也有一些名聲響亮的公司存活至今，亞馬遜即為一例，但多數公司都在2000年代關門大吉。如今我們把當時最具象徵意義的兩大醜聞：安隆公司（將在第11章進行詳細探討）與世界通訊公司，視為網路泡沫危機的代表案例。這兩間公司都為了防止股票下跌，犯下大規模的帳目詐欺罪。雖然這兩間公司並不是真正的網路創業公司（安隆一開始是德州的石油與天然氣公司，世界通訊則是在1990年代靠著一連串的合併收購案，成為全美第二大電信公司），但兩者都和網路泡沫有關，因為這兩間公司的規模都非常大，也都賺進了可觀的收入。兩者證實了公司在當下就能靠著以網路為基礎的生意賺錢，無須等到未來。

一般而言，投資出現大幅成長都會有很合理的原因，例如某種人們一定想使用的創新科技出現，若正好管理制度也同時出現改變，那麼早期投資人就會選擇投資那些最有可能在新產業中分到一大塊餅的公司。如在1840年代，鐵路系統進入英國後明顯改變了一般人的生活，急遽減少交通時間與成本，為大都會圈與工業地帶等事物創造了新的可能性。這些好處並不是幻覺，但在1840年的鐵路狂熱期間，許多投資人倉促地把錢投入那些為趕上熱潮而一窩蜂成立的新鐵路公司中，在過度樂觀的氣氛中為各項新計畫付出越來越多錢，最後成品的品質卻越來越差。有些公司的鐵路計畫從一開始就是一場騙局；有些公司則在計畫出錯後開始行騙；還有一些公司確實完成了計畫，最後賺到的錢卻遠低於原本的期望。

1990年代的網路泡沫出現時也有同樣狀況。當時的潛在前提具有完美的理論基礎：網路的普及，會對企業與民眾造成無遠弗屆的影響。的確，也有許多新成立的公司抓住這些新機會所帶來的利益。但問題在於，當值得投資與不值得投資的新創公司都逐漸增值到可笑的地步時，投資人便越來越難區分「粥」與「老鼠屎」的差別。而創投業者、股票分析師、網路執行長和其他利益團體，不斷以過於傲慢的態度發表有關「新經濟」的談話，更使得金融界充滿各式各樣的術語。

世界通訊的前身是一群私人投資者，在1983年成立的長途通話優惠服務公司（Long Distance Discount Service，

LDDS）。其中一位創始人是伯納德・艾博斯（Bernard Ebbers），也就是該公司未來的執行長。他們最初成立公司，是為了利用通訊產業的寬鬆法規來賺錢，其中一種手段是賣掉各種電信資產。LDDS的經營模式是用批發價向美國電話電報公司（American Telephone & Telegraph，AT&T）等大型電信商購買長途電信額度，再將長途電話服務零售給一般大眾。伯納德・艾博斯在1990年代積極併吞其他長途電信商，不斷推動LDDS成長，在1995年將公司名稱改為世界通訊公司。

世界通訊醜聞

當時，社會大眾都尊崇艾博斯是個「帶來創新革命又具遠見」的人。他的目標是創造一間新的電信巨頭公司，用單一的無縫數位封包，提供各類的聲音與數據網路服務。1997年，艾博斯插手了一樁交易：當時英國電信公司（British Telecom）打算用190億美元買下微波通信公司（MCI Communications），而艾博斯出價300億美元搶標。交易完成後，世界通訊正式成為美國最大通信業者之一。華爾街愛死世界通訊了，公司股價不斷攀升，世界通訊因此開始瘋狂花錢買下其他公司。從表面上看來，艾博斯好像已經抓到營運訣竅，他買下UUNET等主要網路供應商、光纖電纜網路和其他新設備，做好準備要迎接他期待已久的通訊革命。

從1994年到1999年第三季（併購微波通信公司不久前），世界通訊愉悅地享受公司從沒間斷過的銷售成長，公司股價從1994年初的8.17美元上漲到47.91美元（中間經過股票分割〔stock splits〕的調整）。該公司能維持股價上漲並持續併購公司，有很大一部分是因為每季的財報數字都能達到華爾街的期望。不過，世界通訊在試圖併購下一個目標：斯普林特公司（Sprint）時，違反了反壟斷法，於是在2000年宣告交易破局。併購斯普林特公司失敗，代表世界通訊未來不能繼續併購其他大型公司，只能用其他方法推動公司成長。然而，通訊業賺進的利潤正不斷下降，競爭也越來越激烈，供民眾使用的通訊容量逐漸供應過剩。世界通訊的股價在2000年11月1日下跌至18.94美元。2001年，社會大眾發現通訊容量過剩的狀況顯然會持續數年之久，導致通訊業的整體銷售額與股價都出現下跌。但在通訊業陷入如此窘境時，世界通訊竟然還是達到華爾街期望的極高銷售額。在2002年初，世界通訊發布2001年第四季的財報數字，是該公司首次沒有達到分析師的期望。艾博斯對外傳達許多正面積極的訊息，但最後不得不在當年4月辭職。到了6月，世界通訊宣布公司帳目出了嚴重問題，暫停公司股票的交易。

究竟是出了什麼事？承辦此案的檢察官指出，從1999年通訊業界走下坡開始，艾博斯和幾位資深經理，就因為想讓公司只發布好消息而承受極大壓力。世界通訊的主要支出是「線路成本」，也就是必須為客戶支付從這一端打電話到另一端的錢。從1999年開始，世界通訊的幾位老闆把財務報告中的線路成本下修，維持在總收益的42%（這是華爾街分析師預期的百分比）。儘管真正的線路成本已經超過總收益的50%，但世界通訊的內部人員依然利用各種不當方法，下修財務報告中的支出。在1999至2002年間，公司非法隱瞞了超過70億美元的線路成本。隱瞞其中30億美元的方法，是在報告中把這30億「算成」應計未付項目（accrual）。換句話說，他們在帳目上把已支付的錢，寫成未來應支付給供應商的錢。在2000年底，他們沒有更多應計未付項目可用了，於是老闆們開始在報告中把事實上必須支付供應商的「線路成本」，列為「資本投資」。這種帳目調換手法已經遠超出正常會計計算方式的範圍了，而世界通訊就靠著這種手段，在已經開始賠錢的時候，假造出公司依然在獲利的表象。

艾博斯和世界通訊的財務長史考特・沙利文（Scott Sullivan）告訴華爾街，世界通訊之所以能維持高成長率，是因為公司能處理業界普遍存在的問題。他們這是在暗示自家公司，比其他競爭者更有能力。世界通訊的外部審計單位是一間名叫安達信（Arthur Andersen）的大會計師事務所，該事務所沒有發現帳目出了問題，而是世界通訊內部的三位中階會計師員工發現了。他們在2002年4月至6月暗中調查此事，發現有38億美元的錯置帳目。

從散戶投資人的觀點來看，世界通訊醜聞中最令人在意的，是那些號稱獨立的外部專家本應該是揪出問題的人，但他們卻全都怠乎職守。投資時往往必須依賴獨立審計單位確認帳目的正確性，但在世界通訊案中，身為審計單位的安達信卻沒有發現帳目出了問題。我們往往會依賴股市分析師以正確的方法應用專業素養，誠實地評估各家公司的狀況是否適合投資。但在1990年代晚期，世界通訊的狀況已經每況愈下了，而被許多人視為電訊分析專家的美邦投資銀行（Smith Barney）資深電訊業分析師傑克・葛魯曼（Jack Grubman），卻還是不斷為世界通訊背書。後來證交會發現，葛魯曼假造多間電訊公司的誤導性報告，因此勒令他終生不得進入證券業。

我們還能相信誰

還能相信誰？答案當然是：取決於程度。舉例來說，你對某些政府的信任高於其他政府。你大概覺得英國政府不會從你的銀行帳戶中拿走錢，但義大利政府曾在數年前經歷危機時這麼做過；你大概覺得英國較常見的大型商業銀行，不會違反法規並影響到消費者，但冰島國家銀行（Landsbanki，主導冰島網路儲蓄銀行〔Icesave〕詐騙案的銀行，在2008年倒閉）和國際信貸商業銀行（Bank of Credit and Commerce International，BCCI，是一間大型國際銀行，1991年倒閉，使數以千計的英國用戶陷入孤立無援的困境）卻對客戶造成嚴重影響。

你大概覺得自己的會計師會誠實告知你的帳目狀況，但安達信這種大型會計公司，有時卻無法找出他們負責審計的公司在帳目上動了手腳。這些違法案例並非隨機的獨立事件，我們總是可在投資產業的每一個環節，與上市公司中找到。雖然在不同時期與不同條件下，詐欺案的型態會有所變化；雖然我們通常只會在市場崩潰時，才後知後覺地發現詐欺的存在，**但從古至今，我們其實無時無刻都在面對詐欺的風險**。

「買方須負擔風險」聽起來是句合理又可靠的忠告，投資人的確應該要為自己下的決定負起一定責任。眾所皆知，在公開市場投資會比較有保障，但同時報酬率比較低，手續費也較高。然而並非所有投資交易都符合這個原則，高風險並不一定代表高報酬；低報酬也不一定代表低風險（事實上，詐欺犯常會剝削那些不太清楚此概念的社會大眾）。有些投資人傾向把錢交給具有父執輩風範、看起來令人安心的人，但他們可能會在後來發現，自己信任的人其實是另一個伯納德・馬多夫。身為投資人，我們必須發展屬於自己的技巧、設置自己的感應天線，培養偵測潛在詐欺的能力。身為買家，我們擁有一個極大優勢：我們可以說出「不買」兩字並轉身離開。只要發現自己當下的感覺是：「再不趕快買，就要錯過這個機會了」，那麼你接下來所做的投資決定，就很有可能不是一筆好投資。因為正是這種害怕錯過的憂慮，推動了投資機會的急遽成長，使當紅的公司與產業之股價突破天際。

Chapter 2

必須對市場有信心⋯⋯

如果我們很天真，可能會相信所有投資交易都受到恰當管控；如果我們生性多疑，可能會相信所有投資交易都出了巨大問題。

如果投資人認為金融服務業裡的每次交易都有問題，局外人每次都會被騙的話，會發生什麼事？在這種狀況下，就算其他影響因素都沒變，投資人也必定會拒絕把錢拿去做投資。這些錢會從股票、債券、衍生性金融商品與現金存款中流出，並轉向不動產等其他類型的資產中。但大型金融市場中沒有出現這樣的現象。事實正好相反，金融市場在過去四十年間出現了爆炸性成長，世界各地有數百萬名新投資人，以直接或間接方式進入金融市場。如果所有投資人都不斷被詐騙，是不可能出現這種成長的。沒錯，當然不是所有投資人都被騙，絕大多數投資人遇到的都是相對誠實的金融服務業，頂多只會在販賣產品與服務時，把金額稍微調高而已。

我們將在本章，回顧過去數十年來十分知名的兩大投資醜聞：1980年代的丹尼斯・李維（Dennis Levine）與伊凡・

博斯基（Ivan Boesky）內線交易案，以及1970年代羅伯特．韋斯科（Robert Vesco）犯下的知名加勒比群島詐騙案。儘管時代更迭，這兩人已經不太可能在現今的社會再次重複相同詐騙手法，但這兩件案例能讓我們更容易了解監管系統的能力與限制。我們將看到，當政府的對手從海外下指令並試圖打敗政府時，會發生什麼事。

投資人通常會對特定種類的投資商品所造成的問題非常敏感，而政府與投資公司，則會格外謹慎地規範這些商品，讓投資人覺得交易公平又能獲得回報。因此，以英國一般商業銀行為例，銀行的存款帳戶都受到政府法規與補償計畫的絕佳保護。更重要的是，就算銀行倒閉了，無論哪個黨派的政府都會保證投資人能拿回全部或部分的錢。冰島網路儲蓄銀行在2008年宣告破產，把錢放在該行的英國投資人可能不會獲得冰島政府的補償，因此英國政府迅速介入，補償了投資人，並和冰島政府針對債務展開長期公開爭論。若我們能確定生活在這個國家，自己的銀行存款不會突然化為烏有，這種良好的保護措施對所有人都有好處。

多數人在進行非常規的投資時，不會預期自己能享有同樣水準的保護措施。例如若你在一間高科技公司剛進入市場時，就買了該公司的股票，就該清楚知道拿這些錢來買股票的風險，高過把錢存在銀行帳戶裡——特別是你知道這項投資有可能讓你賠掉一些錢，甚至血本無歸；如果你是經驗老到的投資人（或是股市專家），人們會預期你像經過反覆毆打後擁有畸形耳朵與歪鼻梁的拳擊手，可以承受較大的傷害，於是能進行更難以預測、更變化多端的投資，例如衍生性金融商品、不在櫃面上流通的股票、非流動性股票等。換句話說，這是一套分級保護制度，一般人可進行較安全的投資，藉此獲得適度的報酬。而那些在國際市場中不斷買賣的一流玩家，所受到的保護則沒那麼周密。

市場需要每一層級的投資人——從平凡的小額散戶投資人，到知名的金融界大戶——都相信，大體上來說絕大部分的交易是誠實的、款項是準時的、金融資訊是準確的。若想維持市場信心，其中一個極重要的因素就是高交易量。市場有高交易量才會有流動性。反過來說，交易量稀少的「低交易量」市場，不會使投資人懷抱信心，因為從這次交易到下次交易的價格波動將會變得很大。此外，在低交易量市場中，人們常會合理懷疑有人正透過內線交易，操縱股價。

內線交易

大型股票市場想要正常運作，必須確保所有上市公司公開宣布所有關鍵資訊。如此一來，市場中的每個人才會同時得知重要消息。內線交易指的是，基於沒有公開的資訊進行交易，比方說你可能是上市公司或投資銀行的職員，在工作時得知甲公司將在明天公布績效難看的季度報告。如果你在甲公司公布此消息前，就立刻衝去賣掉甲公司的股票，你就是在進行內線交易，而內線交易在許多市場中是違法行為。如果告訴朋友這個消息，讓他們交易該股票，也同屬違法行為。為什麼這麼做是違法的呢？畢竟表面上看來，這種犯罪行為似乎沒有造成任何一個受害者—— 你靠交易賺了一筆錢，而誰也不會知道這回事。其違法的原因在於，這種作為其實算是一種偷竊。此行為的受害者是其他沒有因內線消息而獲利的投資人，而你靠著這筆交易賺進口袋的錢，其實是屬於他們的。這種行為就像是你從公司的聖誕派對基金裡拿錢，或者從其他「代他人持有財產」的基金或款項中拿錢。

也有些人對內線交易提出不同的理論。部分學者，如重貨幣學派的經濟學家米爾頓·傅利曼（Milton Friedman）就主張，從整體來看，內線交易能促進股市的效率，對市場有益：如果甲公司的主管們開始大量購買該公司股票的話，市場很快就會注意到這些內線買進的狀況（主管必須公開此類交易），接著市場就會做出相對應的反應。學者們接著解釋，如此看來，內線交易只是其中一種競爭推力，可確保人們用最快的速度，將那些具有價格敏感度的資料傳遍市場。儘管這種主張或許自有其道理，但投資人可一點也不想犧牲掉自己，讓那些擁有特殊資訊的內線賺錢。在許多國家的法律中，至少都會規範某幾種內線交易是違法的。

套利者：伊凡．博斯基和丹尼斯．李維

1970年代的股市法規非常嚴格，但到了1980年代，監管機構將焦點從市場轉移到人身上。在美國尤其如此，當時證交會開始積極調查與起訴金融犯罪者。1980年代出現了大量的公司併購案，使個人有非常多機會靠著內線交易賺錢，內線交易很快就變成一種流行。

當時併購狂潮的中心是德克索投資銀行（Drexel Burnham Lambert），而該銀行的行員丹尼斯．李維，是目前被抓到的內線交易者中，交易量最大的人。李維在1970年代認識了當時在花旗銀行（Citibank）擔任借貸業務員的羅伯特．威爾金斯（Robert Wilkis），兩人後來發現他們的工作地點都在歐洲，而歐洲國家缺乏內線交易法規這件事，讓他們興致勃勃。他們都能在工作過程中獲得具有價格敏感度的資訊，於是決定在瑞士開設銀行帳戶，偷偷利用這些資料進行交易。兩人同意彼此分享資訊，但為了避免被發現，他們必須分開交易。李維想買賣股票時，會用公共電話打給瑞士銀行，告訴對方事先約好的代號，再告知要買賣哪些股票。許多交易其實都簡單到令人難以置信。舉例來說，他們其中一人可能聽說甲公司的某些消息，知道此消息一公布會使股價飆升——這個消息，或許是乙公司將要出價併購甲公司——接著，威爾金斯和李維會買下甲公司的股票，在併購

一事公布後，甲公司的股價會上漲，他們兩人再趁這時賣掉股票。根據李維的說法，就算他在接收到資訊後做了詳盡調查，有些時候還是會投資失利。不過，整體來說李維是賺錢的，他在整整七年間每月進行一至二次內線交易，把39750美元滾成1150萬美元。不久後，李維的瑞士銀行行員要他轉移帳戶，於是他把帳戶轉移到另一間瑞士羅伊銀行（Bank Leu）位於巴哈馬群島的子公司。

1980年代出現一項重要革新：德克索投資銀行的金融家麥可・米爾肯（Michael Milken）將「垃圾債券」（junk bonds）引進流動市場中。簡單來說，垃圾債券就是基於種種原因，無法達到適當投資等級的公司債券。由於一般認為垃圾債券的風險較高，所以殖利率（yield，也就是持有債券期間的利息）通常也較高。米爾肯當時做的創新之舉，是把許多垃圾債券歸類成「墮落天使」（fallen angel，指公司因債券的投資評級出了問題，才使財務狀況惡化）。他說這些公司的真正價值，其實比帳面上的價值還要高出不少。之後垃圾債券的市場蓬勃發展，米爾肯和德克索投資銀行開始在併購過程中，把垃圾債券拿來當融資機制。從一開始就安排發售那些被評級為「垃圾」的債券，再去尋找願意購買的買家。比佛利山每年都會舉辦「掠食者聚會」（Predators’Ball），總是會吸引併購業中有頭有臉的人物參加。出席者包括羅納德・裴雷曼（Ronald Perelman）和卡爾．伊坎（Carl Celian Icahn）這類的企業掠奪者、垃圾債券的機構買家（institutional buyer），以及對併購有興趣的公司派來的資深經理。在這之中，最著名的一位客人就是伊凡．博斯基，人人都知道他是個「套利者」（arbitrageur），專門透過公司併購案來投機賺錢。李維在1985年的掠食者聚會上認識了博斯基，兩人很快就開始交流股市相關資訊。

根據李維的說法，一開始他們根本沒有提過哪些是「內線消息」，但後來博斯基提議，要從他賺的錢裡面抽成給李維。李維說：「雖然我自己也做了一些非法行為，但我還是被他嚇了一大跳。我簡直不敢相信，他就這樣當著我的面說出這種明顯違法的提議。他這麼做等於是公然使自己暴露在危險中。」李維說，他不知道自己為什麼最後會同意為了錢和博斯基合作。證交會指出，他們兩人的協議是博斯基用李維的資訊賺錢後，抽5％的利潤給李維。之後若博斯基繼續持有或加買同一檔股票，則抽1％的利潤給李維。李維提供了多筆交易的內線資訊，其中包括納貝斯克公司（Nabisco）和雷諾煙草公司（RJ Reynolds）的併購，以及英特北公司（InterNorth）要出價買下休士頓天然氣公司（Houston Natural Gas）的消息。[1]不過李維不知道的是，博斯基同一時

1 英特北與休士頓天然氣合併後，更名為安隆公司（Enron Corporation）。

間還付錢向其他人購買其他內線資訊，其中包括德克索投資銀行的資深管理者馬丁・席格爾（Martin Siegel），也是1980年代併購案的主要架構師。每次提供絕佳建議後，都會從博斯基那裡祕密拿到一箱箱裝滿現金的公事包。當時越來越多人知道博斯基擁有一種「離奇」的能力，可以找出哪些公司是併購的目標。證交會發現博斯基每次投機投資的大型併購案，都能賺進高額收益（舉例來說，靠著雀巢收購三花的收購案賺進2800萬美元），因此盯上博斯基。證交會認為博斯基身為投機者實在太過成功了，這幾乎是不可能的事，但卻一直找不到博斯基違法的證據。

接著在1985年7月，證交會收到來自美林證券公司的匿名信件，指出公司裡有兩名委內瑞拉籍的股票經紀人違反內線交易法規。李維指出，羅伊銀行位於巴哈馬的行員其實一直在模仿自己的交易——他們顯然已經猜到李維在進行內線交易了——而行員們以美林證券的帳戶進行交易。接著，美林證券的行員也模仿羅伊銀行行員，但他們的交易則引起了證交會的疑心。證交會花了十個月進行調查，但羅伊銀行拒絕洩露任何有關目標帳戶的資訊。證交會對銀行施加法律壓力，直到銀行終於在1986年5月，同意提供證交會想知道的帳戶戶名：丹尼斯・李維。

證交會對李維施壓，很快就說服他與政府合作，提供有關博斯基違法的資訊。接著證交會開始追查博斯基，他也決定配合政府，不但指認了麥可．米爾肯，還同意裝竊聽器去和米爾肯會面，試圖使米爾肯承認自己涉入內線交易醜聞。最後，米爾肯遭判刑的罪名不是內線交易，而是相對較輕的違規罪名；博斯基和李維因內線交易獲判的有期徒刑時間不長，不過兩人都必須繳交鉅額罰款。

1980年代揭露的這些內線交易案，之所以使當時社會大眾瞠目結舌，是因為這些案件，都和迅速擴張的金融界帶來的振奮氣氛與創新有關。那個年代的投資人都想在市場上有所作為，而合併與收購熱潮正是達到目標的途徑之一。另一個使民眾震驚的原因，是那些併購案的核心人物，濫用他們本該受人信任的職位——投資銀行家濫用機密資訊、各機構經紀人執行內線交易。而不斷在併購界公開推廣「貪婪是好事」的併購界英雄人物伊凡．博斯基，竟然是個內線交易者。而在這一系列的案件中，證交會則證明了自己是個高效率，甚至熱心過頭的股市監管機構。

不過若回過頭去看1960年代與1970年代的投資界，會發現當時的氛圍比現今更多了些狂野西部色彩。當時的美國是全球最現代化、最繁榮的大型經濟體，其他國家難以望其項背，而西歐才剛開始復甦。那時引人注目的美國創業家伯納德．科恩費爾德（Bernard Cornfeld），在境外創立一間大型共同基金銷售公司。該公司一開始依賴的，是數千名美國僑民，和二戰過後留在歐洲工作的軍人的存款，而後公司逐漸吸引大批來自歐洲與拉丁美洲的投資人。當時這兩個地區很缺乏吸引人的投資機會，若想把基金移往海外，又會遭到苛刻的法規阻擋。那個時期，許多政府都實施嚴苛的資本控制，也就是禁止國民把錢移往海外。這項規定對於1960年代的生意人來說，是最主要也最令人挫折的一項阻礙，無法順利拓展生意。當時英國一度禁止臣民（subject，英國人要到1983年才成為國民〔citizens〕）出國時攜帶50英鎊以上的現金。在這種規定下，英國人根本連出國度假都不可能，更遑論直接購買美國股票。科恩費爾德在1960年代已經透過瑞士掌控數種共同基金，其中包括有可能是史上第一次出現的「組合型基金」（fund of funds，這種基金只投資其他基金）。科恩費爾德因為他的其中一種基金涉及股份問題而被控詐騙，在瑞士的監獄中關了十一個月，不過最後宣判無罪。而他手上掌握的巨額現金，吸引了另一位更飢渴的掠食者：羅伯特・韋斯科。

飢渴的掠食者：羅伯特・韋斯科

羅伯特・韋斯科是義大利裔美國人，一名底特律汽車工人的兒子。1960年代早期，韋斯科曾貸款買下一系列的汽車零組件廠，組成一個企業集團，名叫「國際自控集團」（International Controls Corporation，ICC）。1971年，科恩費爾德陷入困境，韋斯科成功以惡意收購的手法，獲得科恩費爾德的「投資人海外服務公司」（Investors Overseas Service，IOS）。IOS的絕大多數資產存在於四個基金中，總價值超過4億美元，這些基金投資的項目大多是美國證券。IOS陷入困境時急需現金，而韋斯科利用已經在美國證券交易所上市的ICC借錢給IOS，維持其運作。作為回報，IOS讓韋斯科在1971年買進45%的優先股和28%的普通股，接著他在IOS的董事會中獲選為董事長。

IOS把一大筆投資人提供的錢，都用來投資美國的績優股。在韋斯科看來，IOS就像是棵搖錢樹。根據韋斯科的說法，他很快就開始把錢從那些績優股中轉移出來，拿去用在他所掌控的各式境外騙局上。到了10月，IOS把主要金融業務轉移到位於巴哈馬的一間新公司裡。12月時，IOS的不動產和保險資產則轉移到另一間受韋斯科控制的巴哈馬公司。當時有許多投資人都知道IOS的非法投資行為（違反母國的資本控制法、稅法和投資法，當時這些法律非常嚴格）。根據預估，基金中至少有高達1.5億美元的資金，是這些投資人無法拿回去的錢。

隔年，韋斯科採取了新策略，試著利用幾間彼此相關的公司（許多都是空殼公司）進行一系列的複雜操作，把IOS基金從ICC中區分出來，並改變基金的分類，讓投資人更難取出錢。同時，他繼續維持自己對這些基金的最終掌控權。

在這過程中的每一次會議裡，幾乎都會有律師和職員勸告韋斯科的提案並不道德，違反了IOS對初期投資人的誠信義務，而且許多初期投資人並不富有。但韋斯科選擇忽視這些勸告。

韋斯科的這種行為和其奢華的生活方式（他有一架裝設蒸汽浴室和迪斯可舞廳的私人噴射機），引起了證交會的注意。

近年來，證交會在調查事件時的最大特色是能力不足、作風官僚、錯誤百出，但1970年代早期的證交會則完全不同。他們來勢洶洶地採取行動，起訴韋斯科侵占投資人的財產，價值超過2億美元。不過後來有人揭露證交會主席布拉福．庫克（G. Bradford Cook）在總統尼克森（Richard Nixon）裙帶勢力的命令下，修改了證交會對韋斯科的起訴書，徹底刪除有關韋斯科違法捐款20萬美元給尼克森競選基金的相關資訊，庫克因此被迫辭職，尼克森時代的骯髒政治操作也因此攤在陽光底下。據稱這些錢是韋斯科用來賄賂尼克森政府的，要政府別再讓證交會去找他的碴。

事情的發展逐漸變得庸俗不堪。韋斯科接下來的行為，十分符合電影中狡猾金融家會做的標準舉動。1973年，美國的情勢對於韋斯科來說變得太過白熱化了。他告訴飛機駕駛員：「從現在開始，我們將於加勒比群島與中南美洲往來。回到美國的話，他們會對我糾纏不清，我沒必要忍受那種鳥事。」韋斯科在當年2月逃到哥斯大黎加，持續和美國官方進行法律攻防戰。他的公司ICC受到法院監督，股票也必須暫停交易。

那個年代的拉丁美洲就像現在，有許多人以激烈態度反對美國的政權。不過在哥斯大黎加，由荷西．費蓋雷斯（José Figueres）主導的中間偏左派政府並不是其中之一。費蓋雷斯是名積極的社會改革者，儘管他願意在某些領域配合美國，卻也同時下定決心要振興國家經濟。韋斯科可能向費蓋雷斯提了交換條件：他會投資哥斯大黎加，但作為交換，費蓋雷斯必須採取一些保護措施，別讓他被美國抓走。第一次投資時，韋斯科交給聖克理斯托瓦農工業會社（Sociedad Agricola Industrial San Cristobal）215萬美元，這是費蓋雷斯設立的一間農業公司，也是哥斯大黎加國內雇用最多員工的公司之一。接下來韋斯科又投資數次，特別是在高科技產業。同時，他也開始建立自己的形象，購買數個占地極大的地產與農場、一支艦隊和一小群保鏢。他四處灑錢，盡其所能試著贏得哥斯大黎加輿論的喜愛。然而奇怪的風聲卻逐漸傳開，有人說韋斯科想在哥斯大黎加建造一座電影裡的惡人才會有的堡壘，甚至在他那艘54英尺長的遊艇上裝設改裝引擎、技術最先進的導航系統和機槍。1974年，兩名美國商人在國會聽證會上作證，說他們曾和韋斯科見面，討論在哥斯大黎加建造一座機槍工廠的可能性。其中一位商人說，費蓋雷斯的兒子告訴他，那間工廠的槍會拿去給哥斯大黎加的軍隊使用——乍聽之下似乎很合理，但事實上費蓋雷斯在1940年代，就已經大動作地永久廢除哥斯大黎加的軍隊。

格達費、卡斯楚與獨立建國

儘管韋斯科很快就變成家喻戶曉的人物，世界各地還是有許多瘋狂革命策畫者宣稱（有可能是謊稱）受到韋斯科的協助。但社會大眾依然不明白，為什麼美國沒辦法把他引渡回國。其實美國政府曾在1973年提出引渡要求，結果卻失敗了。當時哥斯大黎加的法官，判定美國起訴韋斯科的詐欺罪名，並不包含在引渡條約內——事實上，許多引渡條約中都不包含詐欺罪——美國後來也曾向巴哈馬申請引渡，當時韋斯科在那裡也有地產，但巴哈馬也以同樣理由拒絕了。事實上，哥斯大黎加國會在1973年3月通過一條法令，禁止國家因為外國的單一要求而引渡任何外國人——人稱「韋斯科法」。許多人都認為該法令是特別為了保護韋斯科而設立的，哥斯大黎加的首都更因此發生暴動，抗議者是兩千多名學生。不過，美國向哥斯大黎加與巴哈馬各自提出引渡申請後，這兩國是依照正當法律拒絕的。

這麼說來，美國政府是認真想把韋斯科逮捕歸案嗎？與此案相關的美國國會小組委員會主席亨利・傑克森議員（Henry Jackson），確實曾抱怨政府申請引渡時，顯得「敷衍了事」。哥斯大黎加的新任總統奎羅斯（Daniel Oduber Quirós）也指出，美國在申請引渡時似乎就希望會失敗。有些人懷疑，尼克森政府並不太想讓韋斯科在水門案爆發時回到美國——更不用說還要考慮韋斯科違法捐給尼克森的錢了，據說尼克森正是用這筆錢支付水門行動。更啟人疑竇的是，尼克森的姪子唐納德・尼克森（Donald Nixon）竟然在哥斯大黎加擔任韋斯科的私人助理。

1974年的《時人》雜誌（*People*），描繪了韋斯科待在哥斯大黎加家中時的悲慘景象：他、妻子與四個孩子焦躁不安地待在豪宅內，周遭擺滿豪華家具，但他們無法確定未來會發生什麼事。儘管韋斯科在哥斯大黎加造成的影響，已經使他的身分變得像有錢的善心人士，但從他細心安排的保全措施就能看出來，他不覺得自己的地位已經高到沒人敢傷害他了。韋斯科還安排了公關操作，從哥斯大黎加接受美國媒體採訪，又買了幾個時段，在哥斯大黎加電視臺上表明自己是清白的。尼克森在9月辭去總統職位，他的繼任者傑拉德・福特（Gerald Ford）赦免尼克森。根據韋斯科的說法，由於赦免尼克森已使民眾怒火衝天，儘管福特曾答應要赦免他，也無法履行承諾。

對韋斯科來說，在哥斯大黎加生活不太容易，花費也很昂貴，他將近40歲的那段時期，在哥斯大黎加生活一年就要花掉50萬美元。也有傳聞說，美國曾派殺手去暗殺他。他在哥斯大黎加得盡力賄賂許多人，但人民依然越來越不歡迎他。他的飛機被美國債權人奪走，新任總統奎羅斯似乎沒有費蓋雷斯那麼同情他，也有些IOS的投資人不自量力地在哥斯大黎加起訴他，想把錢要回去。如果他能在哥斯大黎加逗留五年，就能獲得合法公民身分了，如此一來或許比較能保護自己不被遣返回美國（他依然非常堅決不回去）。接著，奎羅斯總統在1977年開始擔心下次的選舉能否連任，因為已經遭揭發至少兩個和韋斯科有關的重大醜聞。除了間接使用韋斯科的錢選上第一次總統外，還有在哥國1975年的煤油與天然氣產業民營化過程中，讓韋斯科的公司藉機撈一大筆錢。很顯然地，費蓋雷斯的保護措施再也無法保護韋斯科，奎羅斯要求他離開——在人人憎恨韋斯科的國家中，奎羅斯這個決定很有可能受到眾人歡迎。韋斯科表達激烈抗議，但依然無法獲得公民身分，最終在1978年4月離開哥斯大黎加。

此時，美國總統換成吉米．卡特（Jimmy Carter），不過美國政府依然希望能緝捕韋斯科歸案。但韋斯科則另有想法，三名來自卡特家鄉喬治亞州的商人，提議要協助韋斯科和美國政府調解這件事。韋斯科認為，若他們能解決自己和政府之間的問題，他將能對美國正在協議的《巴拿馬運河條約》（Panama Canal Treaty）提供非常大的協助。與此同時，韋斯科還在繼續進行誇張的國際詐騙案——他一貫的犯案手法是推動多個交易案，接著促使這些交易對象彼此敵對，並從中獲益。1979年，有多篇報導指出韋斯科曾數次前往利比亞拜訪格達費上校（Colonel Gaddafi），就是為了說服格達費和他進行軍武交易。報導也描述，他知道卡特總統那個狀態不穩定的弟弟比利・卡特（Billy Carter）也想要和格達費交易，因此曾試著安排讓利比亞支付佣金給比利。此外，報導還宣稱，利比亞向美國洛克希德公司（Lockheed）購買八架飛機，而韋斯科想協助利比亞拿到這些飛機，但最後被美國政府阻止。據說韋斯科從這筆交易獲得的佣金大約是500萬美金。當時「比利門」（Billygate）的醜聞轟動一時，確實有許多人懷疑，韋斯科想透過總統性格軟弱的弟弟接觸白宮。不過吉米・卡特可不是傻子，社會大眾都很清楚他不准許比利對政府的政策造成任何不當影響。這起事件也讓我們更加了解韋斯科的心態，他似乎比較喜歡和道德敗壞的商人或聲名狼藉的政客為伍，也完全誤判卡特政府可能採取的作為。

韋斯科在1981年搬到安地卡，尋求後來成為總理的政治人物萊斯特・伯德（Lester Bird）協助，想要買下巴布達島（Barbuda）的一塊地。據說韋斯科用不同名字取得安地卡的護照，接著在伯德一家人的協助下，試圖在巴布達島上建立一個獨立國家。不過美國政府發現韋斯科在安地卡後，立刻著手進行引渡程序。韋斯科必須加快腳步。除非有強權當靠山，否則建立國家將會是個非常糟糕的主意，而韋斯科的背後沒有靠山，很快就控制不住局面了。當時尼加拉瓜政府極端反美，於是韋斯科搬到該國，和哥倫比亞人、尼加拉瓜人及古巴人一起涉入走私毒品進美國的案件（許多拉丁美洲革命分子支持毒品走私，認為這是從內部攻擊美國社會的好方法）。

情勢以極快的速度變糟。韋斯科很快就無處可躲了，唯一選擇只剩下美國的眼中釘：卡斯楚（Fidel Castro）統治的古巴。據說韋斯科賄賂卡斯楚，允許他留在古巴，但這件事不太可能是真的，或者該說賄賂其實沒有必要：韋斯科顯然已惹惱美國，又是個明顯目標，對卡斯楚來說，他是個有價值的政治工具；而在意識形態上，卡斯楚也接受韋斯科，他更曾對記者說：「如果他（韋斯科）想住在這的話，就讓他住吧。我們不在意他在美國做過什麼事。」不過住在古巴，對韋斯科來說一點也不美好，他的錢大多已經花光了，儘管以古巴的標準來看，他的生活狀況其實很不錯，但對韋斯科來說，整體狀況正每況愈下，他的飛機、船隻和保鏢幾乎都沒了。到了1990年代，韋斯科住進一幢離海遙遠的普通房屋，靠著七拼八湊的交易維生——但或許他只是過著表面上低調的生活，希望能藉此討好信奉共產主義的古巴人而已。

此時，曾在哥斯大黎加擔任韋斯科助理的唐納德・尼克森，也就是尼克森的姪子，突然聯絡韋斯科。唐納德綽號「唐唐」（Don Don），說自己找到一種名叫「卓亞新多」（Trioxidal）的神奇藥物，治癒了他妻子的關節炎和癌症，但他在美國無法找到足夠的支持者讓生產該藥物的公司進行臨床試驗，不知道韋斯科能不能幫他在古巴推動臨床試驗？這並不算是個太過瘋狂的想法。在卡斯楚的統治下，古巴在1980年代為了成為世界生技強國，投入了大量資源。而1991年的蘇聯瓦解，反而進一步增加古巴在生技產業方面的經濟動力。古巴確實曾成功過幾次，舉例來說，古巴醫學家康瑟西恩・坎帕・胡爾戈（Concepcion Campa Huergo）發明了B型腦膜炎的第一支疫苗，第一個試驗的對象就是她自己和她的孩子。

韋斯科和瘋狂崇拜他的助理唐唐，一頭栽進古巴的藥物開發事業。根據一名新聞評論者的描述，唐唐的行為舉止就像個過動青少年。但他們沒有成功。1995年，韋斯科因被指控一系列的罪名而遭到逮捕，最後這些罪名只剩下與卓亞新多藥物有關的詐騙罪。根據部分新聞的報導，這項罪名只是個藉口——韋斯科在古巴期間觸犯太多法規，當權政府已經厭倦他了；當時還有另一套說法指出，隨著冷戰結束，開始有越來越多美國商人想和古巴做生意，卡斯楚不再需要韋斯科這樣的中間人，而且卡斯楚其實從來沒有打從心底相信過他；也有人說，當時韋斯科的合作伙伴安利科·葛札羅力（Enrico Garzaroli）發現，韋斯科在進行藥物實驗時並沒有獲得古巴政府允許，因此把他出賣給古巴政府。無論真相如何，我們能確定的是，韋斯科在1996年遭古巴法庭判處13年有期徒刑。在他出庭受審的影片中，他神情憔悴、形容枯槁，與過去的身影大不相同。他在2005年獲釋，兩年後死於肺癌。

預防與矯正

我們身為投資人，必須對市場有信心。如果我們過於天真，可能會相信所有投資交易都受到恰當管控；如果我們生性多疑，可能會相信所有投資交易都出了巨大問題。儘管這兩個極端顯然都不會是真實狀況，但事實上，正如演藝界吸引過多極其愛慕虛榮的人一樣，金融服務業則是招引太多貪婪又毫無道德觀念的人，甚至比理論上應該吸引到的人數還多。如今我們知道市場上一定會有騙子存在，所以除了主要法規的規範，還需要投資人保護政策與反詐騙措施，才能維持市場的運作規律。

本章詳盡描述兩個發生在截然不同時期的高階金融詐騙案，且兩者發生時的投資環境，與現今有很大差距。此外，我們也必須理解想要預防或矯正這種問題，是多麼困難的一件事。

在1980年代的併購潮時期，股市大漲使社會大眾變得異常興奮。儘管當時有些較聰明的人提出警告，指出有些公司最後可能會因債務負擔過重而倒閉，但眾人依然想要相信槓桿收購（指甲公司在欲收購乙公司時，用乙公司做擔保進行借貸）沒有任何問題。最後，的確有許多公司因債務過多而倒閉。不過在股市呈現牛市局面（bull market，未來股價會上漲的市場）時，投資人通常會對像麥可．米爾肯這種找到新方法籌措資金進行交易；或自稱充滿才華、像伊凡．博斯基這種透過併購公司賺錢的人；以及像德克索這種在1980年代推動併購熱潮的投資銀行感到興趣。就結果來說，米爾肯理所當然地身敗名裂；伊凡．博斯基賺進口袋的錢，大多是透過內線交易得來的，所以被罰款並關進牢中是合情合理的；德克索投資銀行被指控操作股市時選擇拒絕答辯，最後被迫歇業。本質上來說，丹尼斯．李維只是個小人物，不過他的詐欺方法非常引人注目，而利用他進行交易的其他金融專家也很清楚這點。李維在1980年代試圖透過外國銀行隱藏自己的交易，這方法算不上特別聰明，畢竟當時的金融法規鬆綁創造出適合併購案的環境，同時使外國銀行更難在美國施壓時，隱藏客戶的身分。畢竟美國市場才是違法事件發生的地點，而且從外國銀行的角度看來，比起被迫離開美國市場，他們寧可失去一個不守規矩的客戶。

現代的銀行保密法只是一套虎頭蛇尾的法規，但在冷戰高峰期的1960與1970年代，鐵幕[2]兩側的國家，都對官方與半官方的銀行保密法有嚴格要求，使之成為一套確實有效的規範。伯納德．科恩費爾德利用銀行保密法沒有與不同國家的監管機構建立聯絡網的漏洞，為自己謀取獲利。他的IOS公司變成大型組織，雇用數千名銷售員，營運多個共同基金，並利用這些基金互相投資。1960年代晚期，股市在長期牛市後開始下跌，公司也慢慢陷入困境。IOS在加拿大公開募股後，由於公司內部的銷售團隊取得股份後開始施加壓力，導致財務處理不當，公司現金最後出現短缺。傳統的手續費系統是依據投資總金額來計算的，另一種非傳統的系統則是依據投資回報金額計算。不過，在1969年出現投資回報遠低於預期的狀況後，非傳統手續費系統很快就在1970年出了問題。IOS的資本確實曾在一開始的十幾年內出現大幅成長，但正如共同基金律師理查德．梅爾（Richard M. Meyer）所說：「只有在和繼任的羅伯特．韋斯科相比的時候，你才會覺得科恩費爾德做得還算不錯。韋斯科在侵占他人財產時，絲毫不會感到良心不安。」

韋斯科利用IOS所做的誇張行為，可說是有史以來最大的詐騙案之一。在現今社會，他不太可能用同樣詐騙模式騙

2　指過去東歐共產黨國家和歐洲其他國家之間的分界。

錢。至少以如今歐洲和美國市場的透明度、政府機關的監管方式和投資人保護法規看來，是不太可能做到的。我們很難想像，韋斯科當初怎麼會覺得自己可以犯下這樣的詐騙案又不被抓到，或許原因在於他的年齡與性格。1971年，他掌控IOS時才35歲，是個藍領階級出身、時常情緒亢奮又擅長投機取巧的人。他想要盡快賺進大把鈔票，走一步算一步地經營著老舊且負債累累的ICC。

劫掠IOS，或許有機會成為拯救ICC的好方法，但根據證交會的描述，其中很大一部分資金，韋斯科都拿來自行使用。我們無法確知他的想法，不過有鑑於他確實有能力迅速談成鉅額交易案，或許他認為自己也同樣有能力可躲開證交會的任何調查。至今依然無法確定他和尼克森政權之間的關係為何——能確定的只有兩件事：第一，他的確非法捐款給尼克森競選連任；第二，他雇用了尼克森的姪子。1972年，《華盛頓郵報》的一篇報導指出，尼克森的一位關鍵助理約翰・埃利希曼（John Erlichman）曾嚴肅地警告「唐唐」，替韋斯科工作時別丟了總統的臉。美國中情局在1973年，有一系列的備忘錄都和「羅伯特・韋斯科的調查計畫」有關，從中能看出中情局當時已經開始注意IOS了。這些事件的關連性或許沒有表面上看起來那麼邪惡：對韋斯科來說，這可能百分之百是賄賂行為；但在尼克森政府看來，他們只是給出一個模糊承諾，若韋斯科這名重要的國際商人在美國遇到

Chapter 3

炫目的新投資和老套的舊把戲

這兩種騙局，就像是完美適應環境的寄生蟲，每個器官都經過精巧的演化，變成最適合壓榨宿主的樣子。

讓我們先假設你的經濟條件不佳，卻住在一個富裕社區。你正在經營利潤微薄的小本生意，計畫要買一部生產機器來增加銷售量。一位好心的朋友（朋友甲）借了10000英鎊給你，說這筆錢沒有急用，不用馬上還。你興高采烈地衝回家，接著突然發現：還沒有拿到錢時，你覺得10000英鎊是一大筆錢；如今到手了，卻發現這筆錢好像不太夠用。

你去找了朋友乙，漫不經心地提到自己的小本生意現在發展得有多好（其實並沒有任何發展），又說朋友甲已經投資10000英鎊了。朋友乙立刻豎起耳朵。「投資報酬率是多少？」她問。你迅速思考著：目前存款的利息是4%，但股市正持續下跌……你該跟她說多少才好？最後你脫口而出：「10%。」朋友乙瞇起眼睛盯著你看。「10%？也太低了吧。」你沒有反駁，只是順從地點點頭。「妳說得沒錯，」你說，「像妳這麼精明的投資人，應該能在別的地方找到投資報酬率更高的機會。我只是務實告知這筆生意的潛在投資報酬率。畢竟我也不想讓任何人失望。」

沒幾天後，朋友乙又聯絡你了。她現在覺得10%的投資報酬率其實也不算太糟，她也想要加入投資行列。你裝出一副為難又勉強的樣子，然後接受了她投資的15000英鎊。現在，你需要時間好好想一想。幾天前你還一貧如洗，現在手上卻握有25000英鎊。這些錢已經夠你買部生產機器，並支付公司未來六個月的支出。或許你該開始工作了。你找了幾間生產機器的工廠，開始談價錢。

接著朋友丙打電話給你。他從朋友乙那裡聽說你的生意發展得風生水起，想問你他也可以插一腳投資嗎？你心裡想著，「好啊，錢當然是越多越好。」他投資了5000英鎊。現在，你手上握有30000英鎊。你買了一輛新車和一些新衣服，還剩下12000英鎊。

朋友乙來找你，你在廚房向她描述生意的狀況。你有些太過飄飄然，描述得過於誇張了。你告訴她銷售量大增，賺了好多好多錢。「哇，天啊，」朋友乙說，「那現在我能拿到分紅了嗎？」你寫了一張1500英鎊的支票給她。這時，朋友甲正好經過你家，想知道你們在做什麼。朋友乙轉述了你剛剛說的話，所以你現在必須再拿1000英鎊的分紅給朋友甲。

但事實上你半毛錢都還沒賺到。你需要那部生產機器才能賺錢，但你根本還沒買。你剩下9500英鎊，最好盡快去買一部生產機器並開始生產產品。這時，朋友丙打電話給你，萬分抱歉地說自己必須立刻拿回那5000英鎊。他說不用給任何分紅，只希望能馬上拿到錢。你寄了5000英鎊的支票，剩下4500英鎊。這些錢太少了，買不起生產機器。你最好再去找幾個新投資人來……

龐氏騙局

上述的故事發展，曾出現在無數戲劇與小說中，現實生活也不乏類似案例，在關係緊密、人們彼此信任的社群中，尤其容易發生這種事。在這樣的社群裡進行非正式交易時，投資人通常不會要求足夠的資訊，若投資人想拿回自己的錢，依靠的會是被投資者對這個社群懷抱的道德義務感——「他和我們是一國的，他不會騙我。」順帶一提，利用這種社群連結謀利，通常稱作「熟人詐騙」（affinity fraud）。多數投資人絕不會用這種非正式的方式投資陌生人，卻通常很樂意信任社群中的人，尤其信任未來也會和他們保持密切關係的那些人。

而在這個故事中擔任投資發起者的你，其實並不是從一開始就詳細策畫一整套詐騙計畫。你會陷入如此窘境，其實源自一連串糟糕的決策：若不去找更多新投資人投注更多資金，你的錢就不夠了，將無法支付紅利給早期投資人或把錢還給他們。你受「獲得更多資金」這個前景所吸引，誇張地描述自己的生意有多好，接著又為了讓自己看起來是個成功人士，所以花費許多資金買私人物品，卻沒有去實踐購買生產機器的計畫。儘管你是真心想用生產機器發展生意的，如今卻為了圓謊，只能想辦法吸引更多投資人。換句話說，你一開始並不打算欺騙誰，但現在是騎虎難下，只能想辦法編造出一個精巧騙局。

投資人自己當然也疏忽了。他們沒有「盡職調查」（due diligence）：沒有要求提供正式合約來預防未來可能發生的意外、沒有要求提供任何投資標的或目前生意的細節、沒有單獨驗證你說的話是否為真，完全依賴你提供的資訊。他們相信你編造出來的謊言，所以開心地收下你付的紅利，相信這些錢全都來自你做生意時賺的利潤。這種詐騙方式在十九世紀十分廣為人知，通常很少能延續超過一年，而根據證交會的描述，2000年代的伯納德．馬多夫案與艾倫．史丹佛案的基礎架構，其實正是這種詐騙方式。如今社會大眾把這種詐騙稱為「龐氏騙局」，取名自1920年發生在美國的詐騙案。當時有個名叫查爾斯．龐茲（Charles Ponzi）的人，原本打算要用便宜價格購買國外的國際回郵券（international postal reply coupon，可用以寄送國際信件的一種郵券），再於美國把這些回郵券兌換成價值較高的美國郵票。

儘管這個商業模式其實無法賺錢，他還是靠著非比尋常的高投資報酬率，吸引了大批投資人。而他支付回報給早期投資人的時候，拿的不是靠這個商業模式賺來的錢，而是新投資人投資的錢——這是龐氏騙局的關鍵特色。龐氏騙局是注定失敗的一種騙局，因為總有一天，你會再也吸引不到新的投資人，也代表沒有新資金可支付前人需要的回報。譬如投資市場衰退時，就會出現這種狀況，許多投資人會毫無預警地希望能拿回投入的錢。龐氏騙局往往都是私下的交易，但無論是小額或鉅額交易，都可能是龐氏騙局，有些甚至能維持數年才破局。美國與英國的監管機關每年都會起訴不少龐氏騙局，其中許多案件沒有受到媒體關注。影響人數不多的龐氏騙局，通常不容易引起注意，馬多夫案和史丹佛案之所以如此為人所知，主要是因為這兩起詐騙案的牽連範圍實在太廣了。不過，馬多夫的案子因為包含許多巧妙的詐騙手段，所以又特別引人注目，稍後將討論更多細節。首先，我想介紹另一種常見的股市詐騙手法，美國人稱之為「拉高倒貨」（Pump and Dump）。

拉高倒貨騙局

一般而言，「拉高倒貨」指的是詐欺犯**先買下某公司的**

股票（通常會是較少人了解的產業或市場中的小公司）**，再用各種詐騙手法說服受害人，該公司的股價之後會上漲。等受害人買進股票，推高股價，詐欺犯再賣掉股票**。嚴格說來，通常是某些機構專門透過媒體報導、電話行銷與網路宣傳等方法，硬性推銷上述公司的股票給受害者。史上最知名的拉高倒貨騙局之一，是加拿大Bre-X礦業公司（Bre-X Minerals）詐騙案。

Bre-X是加拿大礦業商人大衛・瓦修（David Walsh），在1989年於加拿大亞伯達省卡加利市成立的一間公司。該公司在亞伯達證券交易所上市後，在1993年之前股價一直沒有太大起伏。地質學家約翰・費德霍夫（John Felderhof）在1993年推薦Bre-X買下環太平洋地區的數個礦床採礦權，接著Bre-X雇用他帶領一個工作小組前往印尼的布桑（Busang），監管其中一個礦場的探勘。過程中，工作小組的一位地質學家麥可・德古茲曼（Michael de Guzman）回報，布桑的礦場可能有多達56公噸的黃金。他們繼續在布桑鑽探勘查，很快就大致估算出布桑約有850公噸的黃金蘊藏，Bre-X的股價想當然耳地開始上漲。到了1995年中，原本只有數美分的股價上升到14美元；到了隔年4月，Bre-X在多倫多證券交易所上市，股價飆漲到280美元。

根據當時分析師的估算，他們將會在布桑找到高達5660公噸的黃金，因此有越來越多投資人也想分一杯羹。當時的印尼總統是蘇哈托（Suharto），他所領導的政府聲名狼籍、非常腐敗。印尼國內的自然資源蘊藏量豐富，但開採後賺取的利益，幾乎全都掌握在蘇哈托的家庭成員，與相識的一小群菁英手中。Bre-X被迫把採到的金礦，分給他們一點也不歡迎的幾位伙伴。後來，他們發現這幾位伙伴來自兩間公司：加拿大的大型採礦公司巴里克黃金（Barrick Gold），以及美國的費利浦－麥克莫蘭銅金公司（Freeport-McMoRan Copper & Gold）。前者公司的人，認識蘇哈托的其中一名女兒圖圖特（Tutut）；後者公司則認識蘇哈托在商業界的摯友包柏·韓森（Bob Hasan）。Bre-X不得不同意讓費利浦公司的人來管理採礦工作。

費利浦公司接手後，開始進行自己的盡職調查，在布桑鑽探來驗證Bre-X的數據。初期報告一切良好，但到了1997年春天，問題出現了：根據Bre-X的採樣報告，每噸的土壤裡含有4.4克的黃金，但費利浦公司在附近的採樣報告卻顯示，每噸只有0.01克黃金。

費利浦公司要求Bre-X解釋清楚。3月19日，最先發現高含量黃金的地質學家麥可·德古茲曼搭上直昇機橫越雨林，前往布桑，但他最後沒有抵達目的地。根據駕駛員的說詞，德古茲曼在途中自行跳出直昇機。當時很多人都認為，是蘇哈托的手下把德古茲曼推下直昇機的。後來，德古茲曼的其中一名遺孀宣稱他還活著。無論真相為何，祕密都已經被戳破了。費利浦公司在一周內宣布，採樣過程中找到的黃金少到可以直接忽略。很顯然地，Bre-X和費利浦這兩間公司的採樣樣本中，蘊含的黃金量有「肉眼可見的差距」。換句話說，其中一組樣本被「加料」了。Bre-X聲明他們會雇用另一間獨立公司斯特拉斯科（Strathcona）來做進一步的檢測。同時，Bre-X的股票被暫停交易。

完美犯罪？

斯特拉斯科公司在5月完成報告，支持費利浦公司的採樣結果，並指出Bre-X的樣本受到干擾。在樣本裡「加料」，是採礦業長年來一直存在的問題，因此業界鑽研出各種方法來測定礦物。據稱，Bre-X在三年半的時間裡，竄改了數以萬計的礦物樣本。斯特拉斯科公司的報告出來後，Bre-X的股價急遽下跌。到了最後，這間曾在高峰期達到市值6億美元的公司終究破產了。Bre-X創辦人大衛・瓦修在2008年死亡；約翰・費德霍夫在加拿大遭起訴，最後被宣判無罪。而倒楣的Bre-X投資人終究沒有得到明確解釋，無法得知這場詐欺案是出自誰的手筆。

這些投資人中包括富達投資（Fidelity Investments）和魁北克退休金基金（Quebec's pension fund），還有些只是普通的投資人。Bre-X在多倫多證券交易所上市後，被列入多倫多證交所指數（TSE index）中。因此，若依據指數來尋找股票表現良好的基金，Bre-X的「可投資性」是很高的。富達投資公司不願評論單一投資狀況，但指出在投資組合包含部分Bre-X股份期間，整體表現是好的——換句話說，他們把風險分散到大範圍的投資上，因此降低單一投資出現嚴重損失時造成的傷害。

Bre-X在加拿大與美國接受一系列的考驗，成功讓當局相信公司的確有找到黃金。儘管有好幾名涉案的投資人提早抽身，在股價驟跌前賣出價值數百萬美元的股份，但沒有任何人被關進牢裡，也沒有人拿到賠償金。或許這件案子的確是一件完美犯罪，甚至今日都無法確定誰才是罪魁禍首。

如果你喜歡在較小的市場裡投資高風險、高報酬的公司，就必須正視兩件事：第一，**你不可能預見未來**；第二，**你的部分投資可能會帶來慘痛損失**。無論可能性有多小，都必須認清你有可能在遇到如Bre-X這樣的狀況時被騙。確知這些事情後，你就會理解，把所有資金單押在一間公司的未來表現，是件多魯莽又外行的舉動。**在面對「拉高倒貨」騙局時，分散風險是最好的預防手段**。你不會因分散風險而永遠不賠錢，卻能減少投資失利帶來的傷害，繼續存活下去，為了未來繼續奮鬥。

天真的投資人常會希望藉由投資某間高風險的公司賺進快錢，而他們挑選的，通常會是不起眼的上市公司。有些新聞產業正是靠著這種投資人維生，產出源源不絕的報導推薦人們「買下」這種股票。事實上，這種「樂觀賭徒」最後的下場，大多是賠掉所有錢，但每年依然有無數投資新手懷抱同樣的天真期許，前仆後繼地進入股市。

所以說，如果你總是忍不住想把錢賭在炙手可熱的新公司，只要記得一件事：**現在依然有人在進行「拉高倒貨」騙局**，你賭下去的錢，必須是你賠得起的金額。多數人並不是太過魯莽的賭客，所以遇到「拉高倒貨」騙局時不會賠得太慘。不過，這些人遇到龐氏騙局的話，下場就不見得會那麼好看了，尤其當這些騙局偽裝成保守的穩定投資計畫，宣稱能帶來穩定的低報酬時更是如此，馬多夫和史丹佛的詐騙案就是這樣。這些投資人通常高度依賴政府監管系統的保護，因此當眾人得知證交會曾多次接收到警訊，顯示馬多夫的行為有問題，卻沒有做出相應的行動，投資人全都勃然大怒。1970至80年代的證交會是非常嚴苛的執法單位，馬多夫案爆發時卻變成能力不足的監管機關。接下來，將進一步描述馬多夫為什麼有辦法長時間持續進行詐騙。

證交會對馬多夫的懷疑

馬多夫的岳父索爾・阿爾彭（Saul Alpern）是名會計，在馬多夫剛開始工作時，岳父替他於曼哈頓安排一間辦公室，後來又借5萬美元讓他去投資。沒多久，富商卡爾．夏皮羅（Carl Shapiro）又給了馬多夫10萬美元投資。馬多夫用這些錢積極交易，把賺來的佣金拿來補貼自己的小額股票經紀事業。他鼓勵阿爾彭為他多介紹一些客戶，並支付手續費給阿爾彭作為回報。馬多夫的客戶迅速增加，超過證交會規定小型投資經理人能服務的人數（經理人客戶小於15人時，無須取得證交會執照）。1962年，馬多夫要阿爾彭合併數個投資金額較小的投資人在同一個戶頭中，如此一來，他就能符合證交會免用執照資格的規定。沒多久，阿爾彭就把自己的會計公司合併到馬多夫的公司中，又介紹會計法蘭克．亞美麗歐（Frank Avellino），來替他們開發更多投資人。

法蘭克．亞美麗歐遂成為第一個為馬多夫提供新投資人的經紀人，也是替他工作最久的人。社會大眾會留意到這件事，是因為馬多夫在1991年首次接受證交會調查，正是由於亞美麗歐的公司——亞美麗歐與畢那斯（Avellino & Bienes，後文簡稱「亞畢公司」）的關係。那次證交會接到的申訴，是許多投資人偶爾會遇到的問題：過度保證投資安全性。兩名私人投資者把亞畢公司給他們的銷售文件提供給證交會，任何人讀到這份文件時，都應該會心生警惕。亞畢公司在1991年8月7日寄給潛在客戶的一封信件中寫道：

亞美麗歐與畢那斯公司的投資合作對象，是一間華爾街經紀公司（我們從25年前開始經營時，就和這間公司合作了）。我們委託該公司以亞畢公司的名義買賣股票與債券。我們並不鼓勵經紀人尋找新客戶，因此並不會公開募集新客戶。不過，我們願意接受像您這樣經由他人推薦而來的私人投資者。整體來說，我們是非常注重隱私的，不列印或提供財務報表、簡章或宣傳手冊。您交給亞畢公司的錢，等同於亞畢公司的貸款，我們會以亞畢公司的名義拿去投資，而客戶將會在每季收到回報，年利率是16%。

表面上看來，這筆交易非常吸引人——借款給一間公司，獲得不錯的回報。不過身為投資人，尤其是小額投資人，必須特別警惕那些排他性強，且注重隱私的公司。事實上，這種公司的投資經理人會接受任何人給的錢。當你發現某間公司願意接受的最低投資金額，像亞畢公司一樣低到只要5000美元時，更是必須提高警覺。

證交會也拿到了一份文件，這是一名投資顧問帶新客戶去亞畢公司時，提供給客戶的資料概覽。文件上寫道：「這項投資安全嗎？安全，百分之百安全。我們在任何時候進行的交易，都不會使您的錢面臨任何風險。在過去二十年間，我們從沒做過賠錢交易。」接著文件解釋道，「這些基金全都會送交給〔原文如此〕一位紐約經紀人，他將會以亞畢公司的名義投資。一般而言，以亞畢公司的帳戶進行交易時，經紀人會在購買可轉換證券的同時，賣空該公司的一般股票，確保獲利。此外，我們也會採用其他無風險的交易。」這些敘述暴露了真正的疑點。二十年來都在進行零風險的交易？這種事就像中世紀煉金術師苦苦追尋的賢者之石一樣，是不存在的。身為投資人，你應該為了自己，去理解投資的實際方法，而非輕信他人說的話。

證交會在調查過程中指出，亞畢公司曾「販售未登記的證券給民眾，違反《1933年證券法》（Securities Act of 1933）第5(a)節的規定」。此外，證交會也擔心公司的「資金投資方式缺乏透明度」，有可能正在進行龐氏騙局。1992年7月，亞畢公司的老闆法蘭克・亞美麗歐和麥可・畢那斯（Michael Bienes）被帶到證交會時，說自己將投資人的4億美元與自己的4000萬美元都交給馬多夫投資，又說馬多夫的交易策略是，利用複雜的避險方式操縱股票的買權與賣權，是一種「價差轉換套利策略」（split-strike conversion strategy）。

同年年底，證交會的調查小組對馬多夫的公司做了「簡單的」檢查，主要是為了確認亞畢公司提供的交易倉位是否正確。沒有人告訴調查人員，他們正在查的是一場龐氏騙局，所以重點依然是亞畢公司，而非馬多夫。調查人員透過馬多夫的文件，確認亞畢公司的描述為真，他們沒有檢查馬多夫交給亞畢公司的錢是怎麼賺來的。在後來的調查中，這些調查人員承認當時很清楚馬多夫在業界的聲望，這樣的好名聲使他們覺得沒必要詳細調查馬多夫的公司。

證交會在11月起訴亞畢這家未登記的投資公司，非法販售未登記的證券（也就是投資人提供的借貸）。起訴過程中沒有提到詐騙，也沒有提到馬多夫的公司。法庭指派一名接管人兼受託人，清算亞畢公司的財產並監督投資金額的利潤。根據接管人兼受託人李・理查茲（Lee Richards）的說法，他的責任在於：「依照馬多夫提供的紀錄，獨立驗證帳戶收支，而非馬多夫提供的證券是否真實存在。換句話說，我們最多只會要求馬多夫提供紀錄，而這些資料符合亞畢公司投資人的債務數據。再加上錢和證券都拿回來了，所以我覺得，我們已經完成該做的工作了。」隔年，儘管法庭指派的審計人員抱怨找不到亞畢公司的許多文件，但多數投資人都成功拿回大部分、甚至是全部的投資金額。亞畢公司被判罰25萬美元，公司老闆亞美麗歐和畢那斯則分別被額外罰了5萬美元，並不得再販賣未登記的證券。證交會當時雇用的其中一名律師指出：「我們很滿意這起案件有個好結局。」最主要的原因在於投資人全都拿回自己的錢。

若屏除後見之明，或許可認為證交會偵辦這起案件的態度，其實不算太過不合理。金融監管機構向來非常擔心小額私人投資者沒辦法把錢全都拿回來，但在大型金融詐騙案中卻常發生這種狀況。有鑑於證交會沒有理由懷疑馬多夫，所以直接認定所有不實陳述和誇張渲染，全都出自亞畢公司之手。因此，他們認為自己做得很好，在投資人的錢被偷走之前，就已經把出問題的交易扼殺在搖籃裡了。根據證交會的描述，調查小組是一群「相對無經驗」的人員。事後有數位專家指出，調查小組在知道亞畢公司和馬多夫的長期關係後，就應該要進一步調查馬多夫，但他們卻沒有這麼做。在撰寫本書時，依然無法確定馬多夫是否曾提供假文件給調查人員，或者是否曾拿其他投資人的資金來還錢。

與核心問題失之交臂

2000年，分析師哈利．馬可波羅聯絡證交會，提供馬多夫可能正在進行詐騙的證據。在這之後，證交會在官僚主義的誤解與延宕中，花了數年時間進行失敗的追查，後續會對此進一步描述（詳見第9章）。2001年5月出現兩篇文章，質疑馬多夫的成功：第一篇是較不知名的金融通訊月刊《馬爾避險》（*MARHedge*）中的文章〈馬多夫的高投資報酬率，引發質疑聲浪〉（Madoff tops charts; skeptics ask how）；第二篇則是較知名的《巴倫周刊》（*Barron's*）中的文章〈別問，別說〉（Don't Ask, Don't Tell）。

《馬爾避險》的文章宣稱，馬多夫管理的資金大約有60至70億，大多來自三個餵食基金。文章中指出，人們都因為

「公司能月復一月、年復一年地獲得持續、穩定的報酬而困惑」。文章更暗示，馬多夫宣稱自己用來達到穩定投資報酬率的「價差」策略，不可能會有如此低波動的表現（volatility，指投資報酬率在不同時期的變化——在股市中，投資報酬率通常會隨時間推進而出現一些變動）。

該文章提供許多細節，描述馬多夫如何用各種流暢、膚淺的花言巧語，解釋這種不正常的投資報酬率。若有人強硬要求他告知詳情時，他會回答：「我沒興趣慢慢教全世界我們使用什麼策略賺錢，也不會透露公司在風險管控方面採用的複雜方案。」《巴倫周刊》的文章則採用比較戲劇化的態度，指出馬多夫的投資人帳戶「在過去十多年來的平均年複利報酬率是15%。」又說有名投資者曾說，「馬多夫告訴我們：『如果要跟著我投資的話，絕不能告訴任何人這件事。這裡發生的事情跟其他人沒有關係。』」儘管這兩篇文章都沒有指控馬多夫曾做出任何不誠實的行為，卻都把目標瞄準在問題的要點上：馬多夫宣稱自己多年來都使用「價差轉換套利策略」賺錢，但除了他（或許還有他的助理）之外，沒有任何人能解釋這個策略是怎麼帶來如今眾人所見的投資報酬率。後來的調查紀錄顯示，理應負責監督馬多夫的證交會東北部地區辦公室（North East Regional Office，後文簡稱「東北辦公室」），直到多年後才讀到這兩篇文章。

2002年，證交會位於華盛頓特區的另一部門「法令遵循檢查及調查室」（Office of Compliance Inspections and Examinations，後文簡稱「法令檢調室」），開始調查已登記的避險基金，他們要求所有避險基金經理回報任何可疑活動。2003年初，一名避險基金經理聯絡法令檢調室的調查員，詳細描述他的公司在考慮投資馬多夫的餵食基金時，做了常規的「盡職調查」（對投資項目進行徹底調查），卻發現一些令人擔憂的前後矛盾之處。其中最引人注意的，是這名經理人和專精選擇權交易的同事去和馬多夫會面時，馬多夫說自己執行價差轉換套利策略時，是透過芝加哥選擇權交易所（Chicago Board of Options Exchange）進行的。專精於選擇權交易的同事立刻抓住機會，質問馬多夫這怎麼可能，代理投資的金額太高了，芝加哥選擇權交易所應該沒有足夠選擇權讓他交易才對。隨後這名同事打電話給當時在芝加哥選擇權交易所工作的前同事。「我問他們有沒有和馬多夫交易，他們全都說沒有，沒有人在和他交易標普100指數選擇權（OEX option）。神奇的是，他們更全都告訴我：『對啊，我是有聽說他在進行這些交易，但我們交易所根本沒有和他交易過。』」這名避險基金經理在他交給證交會的報告中提供大量詳細資料，並附上《馬爾避險》雜誌在前一年刊出的文章。

但法令檢調室的反應遲緩。2003年秋天，那名避險基金經理的報告被轉交到法令檢調室的自律機構組（Self-

Regulatory Organisations Group）。一直到12月，證交會另一個部門提供有關馬多夫的另一個線報，誤報他在進行「先行交易」（front-running，在客戶下單前就非法事先買賣證券。當時法令檢調室已經確定，先行交易無法使馬多夫有如此穩定的績效表現），自律機構組才開始採取行動，聯絡馬多夫。馬多夫後來說：「我當時很確定證交會把焦點放在先行交易上，我認為證交會聯絡我是為了掃蕩先行交易。」

證交會在2009年公布的文件中，描繪自律機構組調查馬多夫的過程，使依然對政府有信心的人大受打擊：自律機構組徹底搞砸當年的調查行動。該部門的職員作證說，自律機構組當時正在擴張，招募許多年輕人，部門裡很多人都沒什麼經驗，也沒受過訓練，上級長官要他們邊工作邊學習。許多新人都是律師，對金融商品一無所知。自律機構組並沒有向證交會內部的投資專家尋求協助。他們在12月為調查擬定了一份「計畫備忘錄」，但完全沒有考慮到馬多夫或許不是進行先行交易，而是犯下更嚴重的詐欺罪。

一群菜鳥負責調查詐騙老手

後來有人詢問負責調查此案的職員，為什麼沒想到要調查兩個疑點——那名避險基金經理在2003年的報告中強調的，也就是我們先前提到的：第一，馬多夫**在投資表現上的**

怪異穩定性；第二，若馬多夫真如他所稱，是用價差轉換套利策略在進行這麼大規模的交易，**市場上的選擇權交易量是不夠的**。證交會另一個令人質疑的地方，則是**當初為什麼沒有調查馬多夫的審計公司是否真的是獨立單位**。這名職員的回答是，他不記得有在避險基金經理的報告中看到這兩個疑點。問及他為什麼把焦點放在先行交易上時，他說：「我們負責的是審查他們的交易，所以基本上會把焦點放在指控項目的面向上；另外也是因為調查先行交易，是我們這組的專長。」另一名相關職員則主動說出，之所以會把焦點放在先行交易上，是因為：「我只是覺得懷疑進行先行交易很合理，你懂吧？我當時覺得能真正接觸到這種交易方式很有意思，這是一種可以事先進行並保證能獲利的交易，但後來我也從這個案件中看到自己的盲點。」他承認：「其實我對避險基金和共同基金的運作方式，只是一知半解程度。」

就這樣，一群幾乎對證券業毫不了解的菜鳥，開始著手調查馬多夫是否犯下了特定罪行：先行交易。但只要他們去詢問任何專家，就會知道馬多夫支付給投資人的穩定回報，不可能是靠先行交易賺來的。然而，他們卻選擇性地忽略先前那名避險基金經理與《馬爾避險》文章所明確指出的那幾個具體、合理的問題。

調查情形每況愈下。自律機構組草擬一封信，寄給馬多夫執行交易的那斯達克證交所，要求對方提供馬多夫的交易數據，但他們沒有寄出這封信。證交會的調查指出，沒有寄出信，顯然是因為直接使用馬多夫提供的數據比較快，也是因為法令檢調室習慣使用自己正在調查的公司提供的數據——就算調查的是詐騙案，也照樣使用這些數據！

調查小組也沒有依照他們在計畫備忘錄寫下的流程，要求公司把投資人帶到馬多夫面前，蒐集餵食基金的相關資訊。馬多夫在2004年初否認自己在營運避險基金，並說自己只是以機構客戶的名義交易而已。這樣的描述，顯然和2002年那名避險基金經理所提出的報告互相矛盾，可是調查小組沒有求證。小組中有幾位職員曾找那名避險基金經理來問話，這位經理人重新解釋了一遍，但只是白費力氣——調查小組繼續開心地蒐集先行交易的證據。其中一名職員在後來的調查中作證：「這間辦公室總是會發生一些離奇的事，這真的滿奇怪的。就好像這是一部情境喜劇。這種事，不應該發生在真實世界……」

儘管如此，調查人員依然努力不懈地想要釐清價差轉換套利策略是怎麼回事，但馬多夫提供的數據對他們來說一點都不合理。馬多夫也說自己並非投資顧問，不過調查小組同樣開始懷疑這個說法。接著在2004年4月，他們突然收到命令要暫停調查馬多夫，先把資源集中在另一件更優先的案件上：有人申訴部分經紀自營商（broker–dealer）。[3]在推薦特定共同基金給客戶後，會收到共同基金公司的佣金，但這些證券商沒有如實向政府回報自己收到佣金。同一年，證交會的東北辦公室也開始調查馬多夫，他們不知道自律機構組已經調查過馬多夫了，是馬多夫提出來之後他們才得知這件事。東北辦公室和自律機構組就此事做了簡明扼要的交流，自律機構組交給東北辦公室一些檔案，但東北辦公室要求他們提供的其他大量資訊卻都沒有回音。後來證交會找了富事高顧問公司（FTI Consulting）的外部專家來分析，指出自律機構組造成原本可以避免的一團混亂，導致證交會在2004年，錯過可發現馬多夫違法行為的大好機會。

東北辦公室一開始會調查馬多夫，是因為證交會的一位調查員在2004年對基金管理公司——文藝復興科技公司（Renaissance Technologies LLC）進行例行檢查時，發現有幾封公司內部信件，在討論馬多夫的經營方式、對選擇權交易的不實描述、那套異常的保密機制、其審計單位的獨立性、不同尋常的穩定回報與怪異的手續費結構等狀況，在在都令人心生懷疑。東北辦公室忽略了信件中的許多證據，選擇把焦點放在兩種可能的犯罪形式：先行交易和「採櫻桃」（cherry-picking）。[4]

3　經紀商（broker）指的是為客戶進行代理交易的公司；自營商（dealer）指的是為自己帳戶交易的公司；經紀自營商則是同時執行上述兩種交易的公司。

4　除字面上的意思與後文描述的投資意義外，還有一個衍生意思是：選擇對自己有利的事物。

「採櫻桃」，指的是在股市中先進行交易，之後再依照交易是否能帶來利潤，決定要把這個交易歸到哪個投資帳戶中。如果公司沒有事先告知顧客的話，這樣的行為就是違法的。這兩種違法交易調查都是糟糕的選擇，因為其所產出的利潤，都不足以撐起馬多夫支付給投資人的報酬金額。此外，文藝復興科技公司的信件也完整分析，馬多夫必定沒有如實描述自己交易選擇權的方式（請記得，馬多夫總說自己用專屬的價差轉換套利策略，來交易選擇權），但東北辦公室忽略了這些資訊。他們任用的職員和自律機構組一樣，都不具備調查這起案件的專長，也不是投資顧問方面的專家，而是過去負責調查經紀自營商的職員。東北辦公室調查的多數資料都是由馬多夫提供的，他們幾乎沒有花心力找第三方，驗證這些資料是否準確。若他們這麼做的話，當時應該就會發現馬多夫的違法行為了。他們在調查過程中曾遇到許多似乎有問題的警訊，但東北辦公室的監察人阻止調查人員繼續追查。要是能追查下去，必定會發現馬多夫提供的各種交易細節都是不實描述。東北辦公室在最終的調查報告中指出，馬多夫沒有進行先行交易，並指控馬多夫違反了寥寥可數的技術性法規。整篇報告中都沒有提到調查人員在過程中發現的各種嚴重潛在問題。這一次的調查可能已經逼近真相了——馬多夫在調查過程中一直表現得憤怒又不安，與過去面對證交會時圓滑友善的態度截然不同。

完美適應環境的寄生蟲

拉高倒貨騙局和龐氏騙局很可能永遠都不會消失。這兩種騙局，就像是完美適應環境的寄生蟲，每個器官都經過精巧的演化，變成最適合壓榨宿主的樣子。

拉高倒貨騙局能成功騙到投資人，是因為股市通常偏向樂觀——多數投資人都希望能靠著手中股票上漲來賺錢，而非靠下跌賺錢。因此，描述某項投資會上漲的誇張故事，自然比較容易騙到投資人——但Bre-X的故事，真的算得上「誇張」嗎？畢竟地質學是一門真正的科學，而投資人眼中看到的，是一群地質學專家和監管機關都認可了Bre-X在布桑的發現。然而Bre-X其實是靠著私募取得多數資金的。相較於公開銷售股票，私募的監管標準其實比較低。Bre-X唯一一次提出招股說明書，是1989年於亞伯達省提出的，且過了好幾年才宣稱在布桑找到黃金。而巴里克黃金公司和其他採礦公司都想插足布桑採礦，更使投資人相信Bre-X提出的交易內容是真的。另外對投資人來說，Bre-X被列入多倫多證交所指數成分股，也像是一定程度上給予背書。地質學家和產業分析師在後來接受盤問時，都說當時覺得不太可能有公司會在這麼大規模的樣本中「加料」。儘管上述種種證據都無法證明黃金確實存在，卻也能理解對比較輕率的投資人而言，這些間接證據，已足夠讓他們決定投資了。這種詐騙的運作機制正是如此：詐欺犯會把交易偽裝得非常真實，吸引容易上當的傻瓜。理性的投資人不會把所有資金全壓在股市裡的一間小公司，無論這間公司看起來有多吸引人。所以，縱使踏進拉高倒貨騙局也不會擊垮他們，因為他們會把風險分散在各式各樣的投資項目上。

相較於拉高倒貨騙局，投資人通常更難發現龐氏騙局，尤其詐欺犯偽裝這場騙局是穩定保守的投資機會時，更是如此。儘管龐氏騙局注定失敗，有些騙局卻能持續好幾年。**已經被騙的投資人，格外容易因經常拿到報酬而消除曾有的疑慮**。龐氏騙局的詐欺犯，會特別為目標市場量身訂做一個圈套：馬多夫把自己偽裝成體面而保守的商人，藉此吸引那些來自富裕階級、個性精明世故的顧客。但在比較單純市場中出現的龐氏騙局，則會呈現出不同的偽裝。舉例來說，中國曾出現兩次大型詐騙案，詐欺犯要投資人（大多是貧困的中國農民）在家中用盒子養一種「特殊螞蟻」，並宣稱他們會來收回螞蟻，再磨碎做成春藥——馬多夫詐騙案的被害者，應該不太可能會覺得每天往螞蟻灑兩次糖水，會是種吸引人的投資機會。若龐氏騙局設計得夠精巧，監管機構就算起了疑心，可能也很難阻止。因此，對仰賴監管機構保護的投資人來說，龐氏騙局格外危險。在過去發生的多數案例中，等到監管機構採取行動，對許多投資人來說都是為時已晚。所以，請一定要謹慎看好你的荷包！

Part 2

識別詐騙者

The Con Men：
A History of Financial Fraud and the Lessons You Can Learn

Chapter 4

是鯊魚，還是瘋子？

生活周遭有許多人在處理金錢時都不怎麼誠實。我們當然知道自己不該相信那些人；只是，到底是哪種人有辦法獲得我們的信任，並欺騙我們？

金融業會出現不誠實的行為，這並不是什麼特別的事，只要觀察周遭就會懂了。你認識的人之中，有多少人是你夠信任、願意把一大筆錢交給他們保管的？我們每天都會看見許多不誠實的行為，例如狡猾的店老闆或說謊的修理工；我們也都會有個愛說謊的朋友、不可靠的親戚和不正派的同事；我們全都遇過大公司使用幾近違法的手段，來誘騙消費者——你還記得有時會接到強迫推銷的電話，想說服你更換成新的電信公司或換回去嗎？隨著年齡增長，我們逐漸發展出應對方法，來處理這些乏味的日常小惡行。我們仔細數算零錢，謹慎地應付水管工人與屋頂工人；我們知道一旦把錢借給那奇怪的表親，就不可能拿回來了；我們學會在遇上大公司時主張消費者權益。換句話說，我們清楚知道生活中有許多人與組織是不值得信賴的，所以發展出妥善的應對之道。

然而，社會的某些機構與職業，必須遵行更嚴格的財務誠信標準，否則這個社會將無法如常轉動。我們期望買房子時，推銷員不會騙走自己的錢（這種事當然會發生，但機率極低）；我們期望醫師不會打針殺死我們並偽造遺囑（還記得哈羅德・希普曼〔Harold Shipman〕嗎？）[1]；我們期望刷卡時，金融公司不會多拿錢（但這種事的確會發生）；我們期望銀行能確實計算帳戶裡的金額（通常確實如此）。我們期望進行低風險的個人投資時，證券經紀人、顧問、會計師和基金經理人會誠實地進行交易。

由此可見，**信任**是生活在金融社會中的必要條件之一。有些人特別容易獲得信任，對他們來說，騙人是件相對容易的事。若我們環顧四周，就會發現生活周遭有許多人，甚至絕大多數人在處理金錢時都不怎麼誠實。我們當然知道自己不該相信那些人；只是，到底是哪種人有辦法獲得我們的信任，並欺騙我們？

值得信任的類型因人而異。甲認為某男孩是無良的推車販售員；乙卻認為他絕對是前途無量的金融天才。容易使他人信任的詐欺犯，通常不會讓每一種人都信任自己——不同種類的詐欺犯，也會挑選不同種類的被害者。身為投資人，必須**了解人性**，因此本章將針對詐欺犯人格特質的心理學研

1　英國醫師，因傷害病患並殺害15名病患而遭定罪，受害者多達兩百多人。

究進行探索。一個人會成為詐欺犯的原因，有可能比你想像的還要更難理解、更模稜兩可。這裡會著重於描述如何應對詐欺犯的詐欺方法，以及如何識別他們。少有人會描述在遇到這些詐欺犯時，該如何應對他們的特定性格。此外，行為心理學家對於該如何定義與理解詐欺犯的人格，也幾乎沒有共識。

很顯然地，每名詐欺犯的動機都截然不同──絕不是「想要更多錢」這麼簡單。從這方面來說，試著辨認出某些特定詐欺犯覺得自己「需要什麼」，就能幫助我們不少。詐欺犯的需求可能簡單直白又可量化，例如「我需要賺回以公司／客戶名義賠掉的5000萬美元」。但即使他的需求真的是這樣，背後的動機也可能十分複雜。

舉例來說，避險基金公司佰鈺集團（Bayou）的創始人山繆・以色列爾（Samuel Israel）的強烈需求，是向廣大家族成員證明自己能取得經濟上的成功。當佰鈺集團在股市一片長紅時開始賠錢，以色列爾認為承認賠錢等於是種極大的羞辱。這種強烈的情緒需求能輕易使人忽略被抓的風險，然後編造出虛假的藉口。若拿以色列爾的案子為例，他可能會告訴自己：「我很快就會靠著新投資，把錢賺回來了。」了解這一點很有用，因為詐欺犯的個人問題已凌駕清醒的決斷，所以不該直接認定詐欺犯會「理性地」推算自己的行為會帶來什麼後果。此外，有些詐欺犯可能具有嚴重的人格障礙，使他們做出「毫無道理」或「短視近利」的決定。他們有可能是「病態人格者」（psychopath）。[2]

有金融詐欺犯是病態人格者嗎？

最簡短的回答是：無法確定。病態人格者的調查大多集中在暴力犯罪上，而研究人員表示，由於這項調查十分侵犯隱私，所以很難在工作場所進行適當研究。美國精神科醫師賀維・克勒利（Hervey Cleckley）的大部分人生，都投注在研究病態人格。1940年代，他初次將病態人格者的概念帶進大眾的視野，並於1941年出版《精神健全的面具》（*The Mask of Sanity*）一書，被公認為此領域的開創著作。病態人格障礙常遭誤認為「精神病」（psychosis）[3]，但這兩種疾病其實並不相同。再加上主流媒體的危言聳聽，使有些人開始質疑病態人格障礙是不是真實存在的疾病。但過去二十年間的廣泛調查，已大幅改善相關的臨床知識與治療方法。

病態人格障礙是以科學為基礎所架構出來的一種概念，是人類於近代發明以描述一種綜合症狀的詞彙，指的是「包

---

2 罹患病態人格障礙的患者，也常譯為「心理病態」或「精神病態」，是人格障礙（personality disorder）的一種。

3 根據《精神疾病診斷準則手冊第五版》（*DSM-5*），病態人格障礙、精神病和精神官能症（neurosis）屬於不同的疾病分類。

含數個特定人格特質與行為的人格障礙」。想診斷是否罹患病態人格障礙時，必須實行數個複雜測試，因此醫師無法診斷歷史人物是否為病態人格者，也無法單靠媒體報導診斷馬多夫或史丹佛。

儘管如此，我們依然有很好的理由懷疑，有超過合理比例的金融詐欺犯是病態人格者。舉例來說，病態人格者通常具有一些典型的人格特質，例如：舉止輕率、個性迷人、慣於欺騙以及缺乏同理心或罪惡感。從表面上看來，本書中提及的詐欺犯有很多都符合這些特質。不僅如此，還有研究指出，能濫用他人信任的職位，特別容易吸引病態人格者，而金融服務業確實對病態人格者具有一定吸引力。

有時會見到部分文章宣稱，金融服務業中有10%的職員是病態人格者，但這個數據其實沒有科學證據。事實上，目前少有學者研究過金融業中的病態人格者；或者更廣泛地說，很少有人研究企業界中的病態人格者。針對企業界病態人格障礙的研究，採用的樣本數通常都太少了，不具代表性。其中一個研究指出，在他們的樣本中，有4%的企業界主管是病態人格者。儘管這個研究結果不能套用在全體上，但有鑑於4%的數字比一般人口中的1%病態人格者比例要高，這個結果依然引起一定程度的聯想。

病態人格障礙領域的重要權威羅伯特．海爾（Robert Hare）指出，雖然目前沒有足夠的研究能證明金融業界有多少病態人格者，但他認為如果金融業的職缺，尤其是那些能賺進大筆財富又沒有適當規範的職缺，容易吸引具病態人格的企業家與風險承擔者，那麼病態人格者在華爾街的比例很有可能高於10%。但在學者真正執行調查之前，我們只能道聽途說那些流傳甚廣的猜測。

所以病態人格者到底是什麼樣的人？海爾曾明確地描述他們為「種內掠食者」（intraspecies predator），也就是「掠食同類的生物」。但是他們並非都採取暴力行為，也不是所有病態人格者都會犯罪或被關進牢裡。根據醫學界目前對病態人格的了解，這些人通常都擁有特定特質，只是程度高低差異而已。此病症的診斷包含了複雜的多種測試，以計算出四種人格「領域」的分數。你必須在測試過程中都獲得高分，才會達到病態人格者的標準，而且醫師必須透過其他資訊（如就醫和犯罪紀錄）來交叉確認這些數據。在知名的「病態人格障礙測評量表修訂版」（Psychopathy Checklist-Revised，PCL-R）中，受試者必須在40分中獲得30分，才會被判定為病態人格者。

根據海爾的研究，病態人格障礙的關鍵特徵如下：

· 擅長花言巧語與建立表面關係
· 自我中心，又過度強化自己的重要性
· 缺乏悔恨感或罪惡感

- 缺乏同理心
- 喜歡欺騙與操縱人
- 以自我為優先

這些特質會使他們表現出一些容易辨別的行為，包括：

- 容易衝動
- 難以控制自己的行為
- 需要刺激
- 缺乏責任感
- 反社會行為

病態人格者的弱點

病態人格者通常從表面上看來十分迷人，極為擅長欺騙與操縱。他們會謹慎選擇受害者，且具有非比尋常的能力，可找出並利用受害者的心理弱點；他們沒有同理心、不在乎他人，把人當成可利用的物品——病態人格者沒有能力想像成為他人是什麼感覺，卻能「學會」假裝自己有這樣的能力；無論犯下多麼駭人聽聞的罪行，他們都不會有罪惡感；他們認為自己是偉大的存在，能完成偉大的目標，時常覺得自己能凌駕法律；他們強烈覺得自己應該受到優待，暗地裡蔑視社會規範。

儘管病態人格者對於被害人來說，是極度危險又難以應付的對手，但他們絕不是超人。他們除了擁有上述的掠食者性格外，也有其他可視為弱點的性格：他們通常對於侮辱異常敏感，會做出激烈反應；他們個性衝動，時常不考慮行為的後果；他們喜歡刺激，享受各種需要冒險的事物；他們有誇張的目標，但往往沒有明確計畫。

這樣的性格或許可以解釋，為什麼有些詐欺犯會執行注定失敗的騙局。舉例來說，龐氏騙局有可能是詐欺犯在合法交易中，做出寥寥數個衝動決定後的產物。一開始，他們可能進行有風險的交易後賠了錢，接著拿新投資人的錢，去補上自己賠的錢並支付舊投資人的回報——詐欺犯只要重複做了幾次後，就會被徹底困在這個循環中，於是只能繼續騙人以避免被發現，並且完全不知道該如何脫離這種狀況。一般認為病態人格者在陷入此種困境時，他們的心態會比「常見的」詐欺犯輕鬆，這是因為他們缺乏恐懼感、享受冒險，又不思考自己最後可能會落入何種下場。

不幸的是，除非詐欺犯接受適當測試且由醫師發表結果，否則我們無法確實判斷某位詐欺犯（如伯納德・馬多夫）是不是病態人格者。主流媒體往往過於隨便地散布相關揣測，馬多夫甚至曾和一名記者討論過這個問題。他宣稱，曾有一名精神科醫師告訴他：「你絕對不是社會病態者

（sociopath，常有人以此指稱「沒有暴力傾向的病態人格者」）。」搬出醫師判斷來說自己沒有生病，是病態人格者的典型反應，但這對我們沒有幫助：非專家的診斷，沒有任何實質的建設性。我們最多只能說，有鑑於馬多夫過去表現出的魅力、欺騙人的傾向、魯莽的行為和令人質疑真誠程度的懊悔反應，目前可「初步推斷」馬多夫有可能是病態人格者。

投資人應該要對病態人格障礙有一些了解，且認為金融專家總是會做出合理行動的人更是如此。因為病態人格者不但會是說服力極高的詐欺犯，還能在「常見的詐欺犯」覺得風險過高或壓力過大的環境下進行詐騙。本書論及的許多騙局，都是最終免不了會被發現的騙局。所以，想要避開這些騙局的「理性詐欺犯」，會採取其他詐欺方法，但有些詐欺犯依然會執行這些注定被拆穿的騙局。由此可知，**部分詐欺犯不僅有可能，甚至很可能根本不管騙局的結果，而這些人有可能其實就是病態人格者**。

容易滋生欺詐行為的情境

難以深入了解詐欺犯的心理，讓許多研究人員感到失望，因此轉而進行不同種類的分析，例如研究各種出現詐騙的環境。其中一個理論是1970年代由犯罪學者勞倫斯・科恩

（Lawrence E. Cohen）和馬庫斯・費爾遜（Marcus Felson）提出的「日常活動理論」（routine activity theory）。該理論認為，罪犯會做出合理的舉動並謹慎評估所有風險，且只有在犯罪帶來的利益能勝過風險與被抓必須付出的代價時，他們才會犯罪。然而正如先前提到的，並非所有詐欺犯在行動時都如此理智，但或許還是有許多詐欺犯會進行這樣的評估。該理論指出犯罪有三個相關因素：

・犯罪的機會
・缺乏有效保護者
・犯罪的動機

根據科恩和費爾遜的理論，犯罪率之所以不會在經濟繁榮的時期下降，是因為這時候有更多犯罪的機會。在周期性的日常活動中，這些犯罪機會將變得特別明顯。例如被害者與犯罪者每天都進出同一間辦公室，這就是日常活動。如果犯罪者認為被害者有強而有力的保護者，他們就不會犯罪。該理論藉此預測最有可能發生犯罪的情況。

1995年，在新加坡工作的期貨交易員尼克・李森（Nick Leeson）拖垮了他的公司：歷史悠久的商業銀行霸菱銀行（Barings Bank）。李森以銀行的名義做出一連串未經授權、風險極高的交易。他顯然覺得若這些交易能賺錢的話，自己將獲得高額紅利。他在開始賠錢時掩蓋這件事，接著試圖用更多交易解決這個問題，卻因此賠了更多錢，導致霸菱銀行積欠了8.27億英鎊（這是銀行可交易資本的兩倍）並因此倒閉。使用「日常活動理論」的犯罪分析師，會強調霸菱銀行缺乏有效的控制與監管系統。據稱李森的上級主管，沒有察覺到衍生性金融商品交易有可能導致如此高額的負債，而內部控制的制度理應在狀況失控之前，就發現李森的交易。該理論認為，他們可透過分析工作職位來揭露控制系統中的弱點，因為正是這些弱點，使缺乏適當控制的環境和犯罪機會有所連結。事實上，李森在新加坡分公司的確擁有足夠自主權，能掩蓋他的魯莽交易不讓主管發現。

「日常活動理論」把焦點放在「監管者」這個因素上，因為弱小的監管者會引起更多犯罪。這個理論和投資界切身相關，因為**投資詐騙也是有流行風氣的**。某個特定的詐騙手法流行數年後，會讓位給另一種手法。這些變化可能來自特定地區在管理制度上的消長。舉例來說，2007年會發生次級房貸危機，有很大一部分出於美國房貸業的法規鬆綁。寬鬆的法規使中間人得以犯下大規模的多種詐騙，而這些詐騙案件在早期法規的監管下是不可能發生的。因此，熟知業界法規變動的人，或許有能力預見詐騙案是否會增加。

不過這些認知對散戶投資人來說幫助不大，因為我們通常都不那麼熟悉應該保護自己的投資交易的監管機構。或許我們應該試著更了解才對。我們理應知道基礎的保護措施，如銀行存款退休金計畫的細節，也應該理解各國監管機構和投資人保護措施，都是以不同方式進行的。以盧里坦尼亞王國（Ruritania）[4]為例，他們的存款保護政策當然不可能和美國一模一樣，而英國的保護政策也不會涵蓋到盧里坦尼亞王國的存款。冰島網路儲蓄銀行的英國客戶在2008年失去儲蓄後，收到英國政府提供的補償金，但政府其實沒有義務在國民遇到這場詐騙後拿錢出來補救。英國政府會插手，是因為發現當時冰島政府不願補償外國儲蓄者。當你要決定投資地點時，這些小細節會變得很重要——有些投資人保護措施，根本一文不值。

奈及利亞詐騙集團的特殊之處

雖然惡名昭彰的奈及利亞詐騙集團並沒有太過深入一般金融界，但從他們在金融詐騙方面的創意與才華，可以想見他們終究會成為金融界的常客。除此之外，另一件值得深入探究的，是這些詐騙集團非同尋常的手法與結構，或許我們能藉此深入了解詐欺犯心理學的其他面向。

4　英國小說家安東尼・霍普 (Anthony Hope) 的作品《古堡藏龍》（*The Prisoner of Zenda*）中的虛構歐洲國家，如今常被用來指稱歐洲的不特定國家。

奈及利亞詐騙集團從1980年代就開始進行跨國詐騙，哄騙全球各地的受害者交出金額越來越高的錢財。由於與奈及利亞的歷史關連，使英國成為此類詐騙案的主要目標國。不過奈及利亞詐騙集團其實已經把觸角伸到全世界了，我曾在馬來西亞花了一個禮拜，觀察一個剛被泰國政府驅逐出境的奈及利亞詐騙集團，在檳城一間網咖繼續進行詐騙。

這些詐騙集團的手法千變萬化，且充滿創意。他們最主要的詐騙類型是「預付金詐騙」（advance fee fraud），也稱「西班牙囚犯詐騙」（the Spanish prisoner scam）。這種手法流傳已久，不過直到奈及利亞詐騙集團出現，才真正打響知名度。在這種傳統詐騙手法中，詐欺犯會告訴被害人，表示自己的有錢親戚在西班牙被抓走了，他需要付贖金把人救出來，而如果被害人願意付錢幫忙救這名親戚的話，未來將能收到鉅額報酬。奈及利亞的版本通常稱為「419詐騙」（419 frauds），因為此種詐騙違反奈及利亞刑法第419條。通常詐欺犯會利用電子郵件接觸外國人，請對方幫忙完成某件具有風險的事情。在典型的419詐騙中，詐欺犯會精心編造故事，像是有一大筆錢遭封鎖或凍結了，如果被害人能拿出數千美元現金救急，之後將能獲得幾百萬元的佣金。有些被害人會相信詐欺犯的藉口，支付多筆款項後才發現是一場騙局；有些被害人則是從頭到尾都不知道自己被騙了。詐欺犯編造的故事變化多端，有些荒謬可笑（購買海珊私人財產的股份），有些似真似假（攔截打到奈及利亞的電話，並告訴發話者他們想通話的人出了車禍，急需現金）。他們寄出多不勝數的電子郵件和信件，就算是最令人難以置信的故事，也能找到幾個願意買單的受害者。根據美國聯邦調查局指出，419詐騙總共在美國網羅了十多億美元；而一間荷蘭公司則推估，英國光是在2005年就因此種詐騙損失5.2億美元。儘管奈及利亞政府正努力瓦解這些詐騙集團，西方政府卻不怎麼積極。一部分應該是因為有許多受害者沒有通報詐騙案；另一部分則是社會大眾一般認為受害者太貪婪或太笨了，活該被騙。

通常電子郵件與信件中都充滿明顯的謊言和荒謬的錯誤。詐騙集團常邀請被害人參與犯罪，例如非法挪用某個非洲國家的公共資金。被害人其實會接收到各種跡象，看出詐欺犯並非自稱的那個人。奈及利亞人有時會主張，被害人會受騙是因為他們歧視非洲人都像小孩一樣無知，需要他人幫助。某些案件或許的確如此，但在其他案件中，被害人會上當，通常只是因為他們本來就很容易輕信他人。

若覺得奈及利亞詐騙集團的目標，似乎都是極端容易受騙的人而小看他們的話，那就大錯特錯了。深入了解後就會發現，他們越來越勇於創新，手法也越來越老練。舉例來說，他們最知名的其中一種詐騙手法是「網路釣魚」（phishing），透過各種手法在網路上獲取被害人的詳細帳戶資料與密碼，例如寄一封看似來自銀行的電子郵件給被害人；他們也犯下大量的跨國信用卡詐騙案，而且通常會謹慎地進行小額消費，詐騙金額可能不會超過1000英鎊，以避免被政府盯上。

據稱，這些詐騙集團大多是結構鬆散的扁平化組織，沒有嚴謹的階級制度。他們會先在某人的領導下集合起來，犯下某起詐騙案，接著再各自分散到其他團隊中，在另一人的領導下犯下別的案件。不過有些線人宣稱，詐騙集團中有所謂的「工頭」。他會尋找懂得使用電腦、會說英文的年輕人來擔任「步兵」，訓練多年後才允許他們執行自己的詐騙案。奈及利亞當地其實深受腐敗的地方政府所害，導致犯罪行為和正規經濟行為間的界線有時顯得模糊不清。許多警察和公職人員將賄賂視為理所當然。在這種社會功能嚴重受損的國家裡，很多人都覺得自己參與詐騙只是為了生存，是情有可原的。奈及利亞政府的腐敗，也使這個國家變成適合運作非法交易、回收非法收益的避稅天堂。從奈及利亞寄到英國的絕大多數包裹，據說都是偽造的文件，詐騙集團的成員之後會把這些文件用在各式各樣的詐騙上。詐騙集團每天都為了多如恆河沙數的詐騙案，產出數以千計的文件，包括偽造的身分文件、支票和官方信件等。從運輸量來看，很有可能已接近企業的規模。海關工作人員指出，也有許多被害者把自己因受騙而買下的商品從英國寄回奈及利亞。詐騙集團的分工制度十分有條理，通常在不同國家的人會負責特定工作，諸如寫信、偽造官方文件、安排行程與舉辦會議等。詐騙集團也常鼓吹被害人造訪奈及利亞，因為來到當地，就算被害人不想接受交易，時常也會在勒索下被迫交出錢財。

奈及利亞的人口約1.62億人[5]。這裡的詐騙行為實在太普遍了，比起分析這些詐欺犯的人格特質，或許把詐騙看作社會現象，反而能帶來比較大的幫助。有報導指出，詐欺犯們時常認為自己沒有錯，都是被害人太貪心才會受騙，或是認為被害人是剝削他人的帝國主義者後代，要不就認為這些詐騙行為是為了報復奴隸制度。也就是說，他們認定被害人是活該被騙。在開發中國家，這是很常見的一種態度。而奈及利亞詐欺犯特別引人注意的地方，在於他們以迅速又富有創意的態度，適應了世界經濟的全球化。他們握有豐富資源、頭腦聰明又遍及各地。他們擁有全球網絡，保持金錢不斷流動。據說他們把小金額詐騙賺進的收入（一般認為419詐騙的單次收入通常只有幾千英鎊），用在更大型的犯罪活動上，例如走私海洛因。他們很樂意嘗試新的詐騙手法，其中有許多詐騙案的目標顯然是更上層的金融服務業，而且未來幾年內有可能成功涉足。在進行原物料投資、衍生性金融商品和價差賭注（spread betting）[6]等高風險投資時，應該要開

5　2019年的數據是約2.03億人。

始小心奈及利亞詐欺犯了。

評估受託方人格的可行性

執法人員有時能成功使用「罪犯特徵分析」（profiling），找出可能犯下某種罪行的人會擁有哪些特質。不過從投資人的角度來看，卻很少有機會透過這個方法，真正了解那些替自己投資的人，具有何種人格特質。知名投資人巴菲特曾強調，他在投資公司時很重視高階主管的人格特質是否良好。但那是因為他是全世界最有錢的人之一，所以才能如此輕而易舉地接觸到這些人。

身為普通投資人的我們，只能將就使用比較間接的證據，如投資項目的合理性（plausibility）與內部一致性（internal consistency）。不過很多時候，我們沒做到的其實是證明真相。合理性是很重要的因素——有誰會想投資一個不合理的計畫呢？但正如先前提到的，具有某些人格特質的人，非常善於創造出虛假的合理性。

儘管我們可能會覺得某位風度翩翩、才思敏捷、機智風趣又容易使人充滿信心的金融界新星非常真誠，但他或她事實上有可能其實是個病態人格者，正魯莽地使用注定悲劇收

6　一種將賭注押在事件結果上的賭博方式，盈利取決於押注的精確性。

尾的騙局來誆騙投資人。「日常活動理論」強調的，是一些相對顯而易見但依然非常重要的論點，也就是在管控或監督不當的環境中，詐騙的數量很有可能會增加。對投資人來說，有個方便又實用的判斷方式：只要記得「**股市看漲時，管控措施通常都會變得比較寬鬆**」就好。在這種時候，社會大眾通常會覺得一切發展順利，好像人人都在賺錢，因此詐騙案的數量也必定增加。

此外，還要記得在股市看漲期間，中介機構也常會放寬標準。舉例來說，在1990年代晚期的網路泡沫期間，我和一位股票分析師在香港一間大型美國投資銀行見面，我花了整整一天聽他描繪樂觀到荒謬的前景，他不斷述說許多網路公司將會變得多麼成功。幾個月後，他最喜歡的好幾間網路公司都倒閉了。那名分析師的論點，立基於他預估這些公司在未來將會有非常誇張的成長，儘管連小孩子都能看穿那不是真的，但他絲毫不以為恥，他顯然認為客戶會相信他說的這些荒謬故事。這是否代表這名分析師是個詐欺犯呢？大概不是。他更可能只是以股票分析師身分，站在「賣方」角度（賣方指的是金融機構中，負責販賣投資商品與提供建議給大眾的部門），所以才會遵照上級的期待與公司的政策讚揚這些股票。這麼說來，犯下詐欺罪的是投資銀行囉？也不盡然，雖然在網路泡沫化之後，政府發現許多分析師違反規定，但以樂觀角度推薦股票，其實不能算是詐欺。畢竟每個人都覺得某個特定產業只會不斷蓬勃發展時，金融機構當然不會想要表現得悲觀又多疑——那是投資人該做的事！但同時，我們也不該錯以為機構提出的建議就一定毫無偏頗，也不該認為這些機構會覺得自己該在發現可能的詐騙時予以揭弊。正如第3章提到的，許多機構曾謹慎地分析馬多夫的投資事業，並認為事情不太對勁，但他們卻選擇避開馬多夫，而不是告發。

全球化與網路，使開發中國家的數百萬人獲得前往西方的通道。金融界認為這是對商業大有好處的一件事，但全球化在帶來好處的同時，也帶來風險。開發中國家的詐騙案正逐漸散布到全球各地，我們如今或許正處在詐騙新時代的開端。除了前面提及的奈及利亞詐騙案，來自邦加羅爾（Bangalore）等印度大城的電話詐騙案也出現了驚人的成長。有些西方人在家裡接到電話，來電者宣稱自己是某個知名軟體公司的員工，並表示被害人的軟體因為病毒而出了問題，接著說服他們打開電腦，照著來電者的指示操作。最後被害人會下載某個軟體來「處理」根本不存在的病毒，然後再被要求付錢。這些遍布世界各地的金融詐欺犯，只要稍微使用一點想像力，就能想出這種善用印度寶貴資源的騙局：具網路知識又會說英語，還是薪資低廉的銷售勞動力。此外，被害人國家遠在天邊，很難逮捕到行騙的印度人。詐騙的未來發展，需要我們密切注意！

Chapter 5

擋不住誘惑：艾倫・史丹佛的故事

史丹佛一直堅稱自己是無辜的，這種說詞是依法辯護的手段嗎？還是妄想造成的結果？

境外法域

每隔一陣子，英國政客就會定期公開指責那些使用「境外法域」（offshore jurisdiction）來避稅的企業家，有多麼邪惡。不過這多半是不實的指控，並非所有境外法域的政府都那麼容易被賄賂，例如澤西島、新加坡和百慕達的規定就十分嚴格，這些政府也都運作良好。全球有非常多合法的境外企業。受管理的企業資金大約有8%位於境外，總金額大約是7兆美元。大約有70萬家公司設立在英屬維京群島，數千家避險基金公司設立在開曼群島。幾乎全世界的大型銀行和大型公司都有境外業務。有些政客在面對國內民眾時，會假裝境外金融界是邊緣化的犯罪競技場，沒有合法企業，但這實在荒謬至極。事實上，境外金融界是國際企業與全球金融不可或缺的一環。

然而，境外金融界的確有其陰暗面。許多和政黨有關係的人，會利用境外機構謀利。正如一位已退休的境外稅務律師曾告訴我的：「只要政客與企業家需要境外機構暫放他們的基金，境外法域就永遠不會消失。」除了暫放錢財之外，境外法域還有很多其他功用。一旦還有在經濟上彼此競爭、在法規系統上彼此衝突的國家，企業就永遠有各種法規上的理由，把業務移往規範較寬鬆的境外法域，進行「法規套利」（regulations arbitrage）。這種現象就像是全球運輸業不可能在沒有「權宜船旗」（flag of convenience）[7]的狀況下運作一樣——儘管如此，權宜船旗和境外金融業也的確使犯罪與詐欺有了實行的餘地。如果我們不再依循過去三十年來的法規鬆綁與全球化潮流，逐漸偏向金融保護主義與嚴格法規的話，將會有越來越多人為了避免國家境內的嚴格規範，開始合法利用境外法域，導致犯罪行為增加。

本書論及的許多詐騙案都涉及境外法域，從伯納德·馬多夫在歐洲的網絡、丹尼斯·李維利用境外銀行帳戶做內線交易，到瘋狂艾迪（Crazy Eddie）將祕密收益轉移到國外。我們將在本章詳細描述艾倫·史丹佛在加勒比群島的所作所為。在詐欺犯利用境外法域謀利的案例中，史丹佛的行為可

7 權宜船旗指像巴拿馬或賴比瑞亞等國，讓外國商船在國內註冊並給予國內船旗，藉此減少勞工成本與法規負擔。

說是特別罪大惡極的一個例子。

首先我們要理解一件很重要的事：在處理詐欺犯的過程中，**國界**是個非常大的問題。任何國家的監管機構，通常都很難從他國法域取得詐欺犯的資訊，遇到保密法格外嚴格的境外法域，或要追查人在國外的詐欺犯時尤其如此。以實務來說，多數監管機構沒有足夠影響力能向國外施壓。不過，證交會和其他美國機關曾多次對他國政府施壓，並獲得一定程度上的成功（如在1980年代，證交會曾成功說服巴哈馬的羅伊銀行提供消息，得知用來進行內線交易的帳戶屬於丹尼斯・李維〔詳見第2章〕）。但稍後將會在艾倫・史丹佛事件中看到，對他國施壓並進行跨國訴訟十分曠日廢時，使詐騙犯得以有時間遁逃。

務實的南方佬

在歐洲國家，通常見到「新」銀行時會心生質疑。我們通常認為，若銀行不是在拿破崙戰爭時期設立的，一定有什麼不對勁的地方。但老銀行擁有傳統文化的概念，通常只是一種幻覺。過去數十年來，全球各地的金融法規大幅鬆綁，催生一系列失控的收購與合併，推動許多銀行進入嶄新的金融領域。到後來，只剩下極少數銀行還維持著過去古板而謹慎的態度。但美國的狀況則不太一樣，身處美國時，不見得會認為新建立的銀行有什麼不好。對美國和拉丁美洲人來說，艾倫．史丹佛和他的高級主管團隊對外宣稱的務實南方佬形象，非常吸引人。他們說自己來自南方，是虔誠的浸信會信徒，深信努力與正直能讓他們登上金融服務界的頂端。

2008年的〈美國前400大富豪名單〉，將史丹佛描述成白手起家的典型富一代。「渾身肌肉，身高六尺四吋（約193公分），激動時會雙眼突出」的他，出生於德州東部的落後地區梅西亞（Mexia）。13歲時靠著伐木賺到第一筆錢，接著便把這些錢全數給了房子被燒毀的家庭。他在德州貝勒大學（Baylor University）就讀金融學系，在那裡認識後來雇用的財務總監詹姆斯．戴維斯。史丹佛先是創立一間健身俱樂部，創業失敗後加入家人開設的小型地產與保險公司。根據《富比士》雜誌報導，史丹佛和他父親在1980年代早期遇到一個千載難逢的機會，趁休士頓房市崩盤時盡可能買進大量不動產，然後在接下來的十年間等待價格恢復，再把這些不動產賣出去，因而賺進數百萬美元。

史丹佛的詐騙就是從這時開始的。他利用這些從房地產賺來的錢，創立一間財富管理公司，吸引來自墨西哥、委內瑞拉和厄瓜多的客戶，同時在美國也有人受到他的吸引。《富比士》的文章向讀者保證道：「史丹佛的投資策略穩健又安定。他透過市場環境，判斷投資目標獲得內部報酬……謹慎地使用金融槓桿。他的控股十分多樣化，在世界各國使用不同的貨幣。」據稱在2000年代的網路泡沫化過後，史丹佛依然保持每年10%以上的投資報酬率。史丹佛曾說自己身為「在加勒比群島罕見又有錢的德州人」，很容易受到他人的嚴厲批判。而後，他成功反擊各種對他的指控，例如有人說他謊稱認識史丹佛大學的創辦人，也有人說他和安地卡及巴布達的首相是多年世仇。之後，史丹佛在2006年獲得安地卡授予的爵位。不過更令安地卡人激動的，是史丹佛在2008年計畫投注鉅款到板球界。他認為板球提供大好機會，讓他能為公司「進行國際宣傳」。

在2008年，眾人還認為艾倫・史丹佛是相當常見的那種企業大亨，或許個性有些自大，但沒有什麼需要擔心的問題。事實上，自從他在2007年成功避開次級房貸泡沫化帶來的混亂與醜聞後，華爾街那些深陷骯髒腐敗政治與金融中的油滑銀行家，全都非常歡迎他帶來的改變。然而投資業務員查爾斯・哈茲利特在數年前的仲裁案件中，就已經表達自己對史丹佛公司的憂慮。這件事一直沒有獲得充分報導，到了2008年初，公司中兩名金融顧問馬克・提德威爾（D. Mark Tidwell）和查爾斯・羅爾（Charles W. Rawl）在訴訟案件中指出，史丹佛和他手下的人涉及不當行為。先前確實有多名不滿的前員工多次向美國金融業監管局（Financial Industry Regulatory Authority）提出指控，但一般投資人可能不會知道這些事。就算知道了，史丹佛等人可能也會輕描淡寫地帶過，認為這只是金融界的典型事件，畢竟大型金融服務公司總是會被心懷不滿的前員工控告。

誠信的公司，正直的老闆

但史丹佛的公司如此大力推薦的定期存單又是怎麼回事？為什麼會有普通投資人願意花大錢在境外銀行的定期存單上？答案有很多。首先，雖然定期存單在歐洲不怎麼常見，但在美國是非常受歡迎的一種儲蓄方式。你向傳統銀行交易一定期限的定期存單之後，就會收到固定的利息。多數情況下，你的投資會受到美國證券投資人保護公司（Securities Investor Protection Corporation）和美國聯邦儲蓄保險公司（Federal Deposit Insurance Corporation）的保護。因此，人們大多認為定期存單是種安全又無聊的工具，只是用來存錢並賺進低利率的利息。史丹佛的定期存單雖然沒有前面提到的保護，卻有個非常吸引人的特質：無論何時都可直接把錢拿回去，沒有罰則。此外，史丹佛提供的利率也比美國的當期利率還高——某些人會認為這是一種警訊，但也有些人因此深受吸引。根據政府接管人的說法，許多投資人都以為交易一張能換回利息的定期存單後，交出去的錢會存在某種個人帳戶中，但定期存單不是這樣運作的。從本質上來說，這是一種投資人貸款給銀行的契約，和投資人開設的帳戶並無關連。

史丹佛的一位客戶斯坦．卡夫曼（Stan Kauffman）在作證時指出，史丹佛的代理人曾向他保證，公司的境外公司運作良好，存款都有倫敦勞埃德保險社（Lloyd's of London）保險，執行業務的境外法域則都有很嚴格的法規。雖然銀行位於安地卡，但史丹佛金融集團的註冊地點卻是德州休士頓。銷售員對卡夫曼說的這席話，曾獲得美國金融業監管局認可，銷售代表也都在證交會註冊登記，他們有義務必須依照散戶投資人的需求，推薦最適合的投資項目。卡夫曼指出，他會相信史丹佛的銀行態度誠實且受到正確管控，還有許多其他原因，例如史丹佛金融集團位於美國、許多高級主管是美國公民，以及顧問委員會中有許多正派人士，其中還包括前國務卿助理。

對於即將退休的美國散戶來說，史丹佛的定期存單看似是一種能提供高投資報酬率、又安全保守的投資。不過，投資史丹佛定期存單的並不全是中產階級的中年美國人。正如前面提到的，史丹佛打從一開始就把一部分目標放在拉丁美洲的客戶。拉丁美洲投資人常因母國的重大問題而受苦，常見問題包括貨幣變動、任意徵稅和變化無常的政治狀態。對他們來說，解決這些問題的方法就是把一部分財產轉至國外，而加勒比群島的境外銀行似乎是個很不錯的選擇。舉例來說，委內瑞拉在雨果．查維茲（Hugo Chavez）的統治下，實施旨在剝奪國內有錢人資產的一系列法律，導致這些有錢人必須盡可能把錢全都送到國外去。

其他會被自然而然吸引到境外法域的顧客，包括不希望因離婚失去資產的人、避稅者、逃稅者，以及在加勒比群島惡名昭彰的運毒者和洗錢者。但是，許多避稅天堂都有同樣的狀況，而目前沒有足夠證據，能證明史丹佛蓄意提供毒梟和其他罪犯金融服務。

不過能確知的是，史丹佛的客戶總會受到盛大歡迎。投資人在抵達辦公室時，會先被帶到標有他們名字的停車位，接著他們將大步通過宏偉的大理石地板和桃花心木地板，到特殊放映廳觀看介紹公司高道德標準的影片，繼承自艾倫．史丹佛的祖父在1930年代創立的保險公司。之後，將會在私人用餐室享受豪華餐點。資金更多的投資人則可搭乘公司的噴射機，到安地卡造訪銀行，住在瓊比灣島（Jumby Bay Island）的高級度假村，和象徵信心與正直的老闆：艾倫．史丹佛見面。

不斷吸金，核心團隊都非金融專業

時間倒回1980年代，艾倫．史丹佛因德州地產的交易所帶來的成功而感到志得意滿。他在加勒比海的蒙哲臘島（Montserrat），設立守護者國際銀行（Guardian

International Bank）作為財富管理企業的一環。他找來大學室友詹姆斯．戴維斯來擔任銀行會計長。根據戴維斯的證詞，沒多久後史丹佛就要求他在總帳中假造分錄，把假的收入與投資列表交給監管機構。守護者銀行的交易項目，基本上和史丹佛後來的交易項目相同：賣定期存單給投資人，並支付高於一般定存的利息。艾倫．史丹佛從這時開始抽取銀行裡的部分資金，拿去投資自己的房地產交易。他顯然預期房地產能賺錢，之後就可以再把這些錢還回去。

1990年，英國監管機關開始嚴厲制裁蒙哲臘島的境外金融行為（蒙哲臘島是英國海外領地），史丹佛被迫轉移銀行到安地卡，並重新命名為史丹佛國際銀行。當時蒙哲臘政府告訴史丹佛，他們將要廢除守護者國際銀行的執照。史丹佛反應迅速，立刻轉移銀行到安地卡，還在被廢除金融執照前就繳還給蒙哲臘政府，並公開宣稱是因為雨果颶風帶來的災害才要轉移銀行註冊地點。

該年年底，戴維斯發現銀行的實際資產已經不到帳面上的一半。史丹佛把存款人的錢拿去投資各式各樣的生意，大部分都是他自己創立的公司；大部分公司的註冊地點都在加勒比群島；大部分都在賠錢。為了讓這些騙局繼續運作下去，史丹佛需要銀行賣出更多定期存單。他採取親臨現場的推銷手法，每天都和經理人一起檢視銷售表單，建立複雜的獎賞措施鼓勵成功的銷售人員。1990年代早期，史丹佛設計了一套假造的保險政策，向銷售員和客戶保證銀行資產非常安全（事實上並不安全）。他還曾要求戴維斯搭機到倫敦，去傳真捏造出來的確認文件給一名潛在投資人，保證某間保險承銷商是真實存在的（事實上並不存在）。史丹佛偶爾會親自核算集團內部的財務報表，藉此編造假帳，同時也逼迫戴維斯和其他會計師這麼做。

1995年，史丹佛在美國設立史丹佛集團公司，販賣定期存單給美國顧客。他們在美國有兩間主要公司，分別位於休士頓和邁阿密，除此之外還有大量的小型辦公室，大多都位於美國南部。隨著交易量逐漸增加，他必須透過更加複雜的安排才能掩蓋金流。戴維斯當時正在設立一座自己的教堂，他在密西西比州鮑德溫市（Baldwyn）的浸信會教堂認識一名年輕女性蘿拉．潘德傑斯特（如今已改名為潘德傑斯特－霍特〔Pendergest-Holt〕），後來招募她進公司，成為公司投資總監，負責監管密西西比州的一組分析團隊（其實這些分析師是她和戴維斯的親戚、教堂中的朋友，都沒什麼財務相關經歷）。此外，她對外宣稱自己的團隊負責管理公司的所有投資組合，但事實上管理的只有銀行的一小部分資金（據估計大約15%）。他們收到明確指示，絕對不能告訴任何人這件事，甚至也不能跟公司的財務顧問說。公司裡有些人隱約注意到金錢流向不對勁，這時他們會遭上司警告，要他們別再問怪問題，否則就等著被解雇。公司裡面的一小群核心成員——艾倫．史丹佛、詹姆斯．戴維斯和其他知情人士——不斷創造一種假象，讓顧客、員工和監管機構覺得，密西西比州的團隊正以精明專業的手法管理銀行的投資基金，但事實上有很大一部分的錢都流入艾倫．史丹佛的個人計畫中。

或許有人會覺得顧客和員工是相對容易欺騙的對象：顧客依靠監管機構保護他們不受詐欺犯欺騙；包括薪水豐厚的「財務顧問」（其實只是定期存單銷售員）在內的員工們則被公司限制，不得詢問太多問題。正如第1章提到的，史丹佛公司中經驗豐富的投資銷售員查爾斯．哈茲利特，注意到投資人提出合理問題時，公司卻無法提供令人滿意的答案。沒多久後，他就離開公司了。那麼美國和安地卡的外部會計師與政府監管機構呢？這些人受過專業訓練，總該找出違法行為吧，難道沒辦法及早發現問題嗎？

或許他們的確能發現問題了，不過艾倫．史丹佛也用了一些十分有趣的方法來解決這種狀況。大概是因為先前在蒙哲臘曾吸引英國監管機關注意，所以1990年轉移銀行到安地卡時，他似乎一開始就下定決心，確保當地不會有任何機關造成麻煩。轉移銀行前，他就雇用在安地卡經營小型會計公司的查爾斯沃斯．休立特（Charlesworth Hewlett）為公司的外部審計師。根據起訴紀錄，蒙哲臘的監管機關已經多次要求史丹佛雇用更大的審計公司，但他拒絕了，因為休立特願意為了高額報酬，替銀行假帳目開立合格證明。休立特在2009年逝世，據稱總共拿到340萬美元。

滲透進一國的金融監管機關

史丹佛開始使用魅力攻勢，說服安地卡政府放任他自由營運公司。那時安地卡銀行（Bank of Antigua）正面臨破產，他用5000萬美元買下銀行，又借給政府4000萬，後來還同意不必償還。他很快就收到金融證照和居住許可。安地卡是一座如天堂般的小島，主要依靠觀光旅遊業維生，但當地人的生活相對貧困：1998年的人均國內生產總值只有8500美元。艾倫・史丹佛毫不吝嗇地為這座島花了許多錢，同時受到富人和窮人的喜愛。他購買大片遼闊土地、建造餐廳和板球體育場、協助建設醫院、為總理萊斯特・伯德支付48000美元的美國醫療開支、為至少十位其他政府官員提供高額免利率貸款與政治獻金，後來還買下當地的報紙《安地卡太陽報》（*Antigua Sun*）。

1990年代，安地卡正嘗試進入境外金融業，遇到據說與俄國黑幫有關的利益問題。這時艾倫・史丹佛插手協助編撰新的境外信託法，在1997年成為政府組織的安地卡境外金融業務計畫委員會（Antiguan Offshore Financial Sector Planning Committee）主席。史丹佛以主席身分指派一個專案小組整頓安地卡的金融業，成員全都是史丹佛的親信（沒有任何安地卡人）。他們設立新的監管機關「國際金融業管理中心」（International Financial Sector Authority），史丹佛則像十七世紀的海盜亨利．摩根（Henry Morgan）[8]一樣，設法讓自己也當上管理中心的主席。國際金融業管理中心一開始極力反對史丹佛的加入。在2002年之前，管理中心的金融監管主任是艾席雅．克里克（Althea Crick），她是安地卡人，堅持不收任何賄賂、也不接受特權，如搭機到倫敦時可升等頭等艙。史丹佛要求國際金融業管理中心提供金融業競爭對手的紀錄時，克里克拒絕讓他影印副本，最後史丹佛只好派人在半夜摸黑闖進去，拿走紀錄。還有一次，克里克當著艾倫．史丹佛的面，說自己絕不會被他影響。她說：「他握住我的手，直直望著我的雙眼並說：『妳讓我想到我自己。』」

克里克在2002年辭職，政府設立新的監管機構「金融服務監管委員會」（Financial Services Regulatory Commission）來取代國際金融業管理中心。史丹佛再次把幾位前員工送上委員會的重要職位，和2003年成為委員會主席的當地人雷洛．金恩（Leroy King）建立良好關係。金恩是前任駐美代表，曾在紐約的美國銀行（Bank America）任職

8 十七世紀著名海盜，後來加入英國皇家海軍，獲封爵位。

主管。根據詹姆斯．戴維斯的說法，史丹佛和金恩在2003年參與一種像是巫毒的詭異儀式，成為歃血盟誓的兄弟。如此一來，他們就能確保金恩和另一名同樣在場的金融服務監管委員會官員，願意收取賄賂來保護史丹佛的企業，避開安地卡與國外監管機構的監視。雷洛．金恩在往後幾年成為公司忠誠的夥伴，不但告知史丹佛，所有金融服務監管委員會和外國監管機關之間的往來，還在監管機關想調查史丹佛的行動時，幫忙製造混亂，轉移調查目標。舉例來說，美國證交會在2005年多次要求金融服務監管委員會，提供有關史丹佛公司的資訊時，雷洛．金恩立刻警告史丹佛這件事，史丹佛的員工則提供該如何回覆證交會的草稿。2006年，史丹佛轉移部分企業到維京群島的聖克羅伊（Saint Croix），逐漸減少逗留在安地卡的時間。

2000年代，社會上的銷售推動力不斷增加，史丹佛的企業集團獲得非比尋常的成長。到了2008年底，他們賣出的定期存單，總價值超過72億美元。也是在2008年，全球金融危機開始帶來真正的影響。主要的股票市場紛紛急遽下跌，儘管史丹佛宣稱銀行的投資不會受到衰退的影響，但定期存單的銷售量還是越來越少，客戶們越來越擔心，許多人都撤銷了定期存單。史丹佛的企業集團在那一年總共返還20億美金給客戶。到了2008年10月，史丹佛遇到嚴重的資金周轉問題，銀行已經沒有錢能還給客戶了，而史丹佛的私人企業又沒辦法賣掉。他們在一天之內損失100萬美元。從企業的觀點來看，這是一個很常見的問題：企業很有可能在經濟衰退時期發現所有事情全都同時出問題，資產價值、收入和資金流動性都同時下跌、手握大權的商業夥伴紛紛與自己為敵。史丹佛加勒比地區投資公司（Stanford Caribbean Investments LLC）的總裁是法蘭斯．凡格霍特（Frans Vingerhoedt），據說是1980年代第一個向史丹佛提議到加勒比群島設立境外銀行的人。他在2009年初寄電子郵件警告史丹佛，要優先還錢給「特定國家的特定人士」——指的可能是影響力極大的某些拉丁美洲人——因為「許多顆貨真價實的子彈已經瞄準我了」。

不是銀行家，是開發商

史丹佛奮力掙扎，想要拯救他的企業王國。接近2008年底時，他宣布會從自己的財產中拿出7.41億美元挹注到銀行。他拿出這些錢，是為了讓銀行在6月花費6350萬美元買下安地卡的幾塊荒地，希望能將之發展成度假村。史丹佛原本計畫讓銀行把這些土地轉移到自己名下，再透過多間公司，以32億美元高額賣回給銀行，藉此消除他欠銀行的20億美元，同時注入資本。在訴訟過程中，美國政府將這一連串的交易視為一場「徹底的騙局」，但史丹佛否認了。那片荒地原本是從一位馬來西亞的投機商人陳介福（Tan Kay Hock，音譯）手中買來的，位於一座叫蓋亞納（Guiana Island）美麗島嶼，面積5平方英里。史丹佛已經遊說多年，想把這裡建造成高級度假村。安地卡一位接管人奈傑爾·漢米爾頓－史密斯（Nigel Hamilton-Smith）評論，那片土地是否會增值，端看史丹佛能否獲得開發的最終許可——「有可能值5000萬、2.5億或10億美元，我不知道。」如此看來，艾倫·史丹佛似乎是真心希望能成功完成這套巧妙的行動，來增加資產、阻止銀行倒閉。他在日常生活中依然非常揮霍，據稱曾在聖誕節假期的其中一天，和家人們一起花了25萬美元；更曾在2009年1月某個瘋狂的一周，為了賭博和買珠寶，在拉斯維加斯花了51.5萬美元；接著他又搭機前往利比亞，希望格達費上校能提供資金投資他的銀行。

史丹佛一直堅稱自己是無辜的，這種說詞是依法辯護的手段嗎？還是妄想造成的結果？又或者，他認為證交會指控他使用龐氏騙局是過度簡化，想藉此獲得不懂金融的陪審團支持？史丹佛顯然一直在資金投資這方面欺騙他的客戶，而法院也確認他違反美國與其他國家的許多金融法規，並與其他關係緊密的親友，蓄意發表假造的銀行績效。不過根據證交會的定義：「龐氏騙局是一種投資詐騙方法，詐欺犯宣稱他們給予現有投資人的錢是投資回報，事實上這些錢卻是新投資人的錢……在許多龐氏騙局中，詐欺犯會把注意力集中在引入新資金上，確保早期投資人能拿到先前承諾的回報。他們也會把新資金用在個人花費上，而不是任何合法的投資活動上。」

史丹佛和他的律師阿里．費薩（Ali Fazel）堅稱，史丹佛確實把錢用在合法投資活動上：他透過公司的網絡，在秘魯、委內瑞拉、厄瓜多和巴拿馬等拉丁美洲國家設立多間銀行；此外，他也將定期存單交易帶來的大量收益，都祕密轉移到私人的不動產交易上，其中多數都位於加勒比群島。如果這些交易有賺錢的話，或許史丹佛就能支付銀行的高額貸款了（據統計金額將近20億美元）。如果他真的認為自己能藉此還錢，或許還可以同情他激烈宣稱自己沒有從事龐氏騙局的舉動。儘管買下定期存單的消費者並不會因此覺得比較好受，史丹佛也不可能就此無須對欺騙客戶一事負責，卻能使我們更理解他為什麼有信心長期進行這種騙局：他認為自己的企業集團未來會越來越強大，而他在加勒比群島的房地產交易，將會帶來超乎想像的鉅額利潤。從某些觀點來說，許多紅極一時的地產鉅富也是這樣交易的，在天堂一般的熱帶地區尤其如此——如果有辦法影響政府，就有可能成為大型開發計畫的主要受益者。有鑑於此，史丹佛說自己「從本質看來比較不像銀行家，應該是開發商」，倒像是真話；而他的行為與其說是蓄意犯下詐欺罪，不如說比較屬於自戀型創業家，做出風險過大又違反法規的行為。史丹佛或許的確

Barasch），是「多年來使證交會多次決定不調查史丹佛」的主要推手之一；且在離開證交會後，他曾多次想成為史丹佛的法定代理人。巴拉奇在2006年成功擔任史丹佛的律師，並很快就遭證交會警告這種行為違反職業道德。巴拉奇在2012年因此被證交會罰款，並禁止在之後一年內以律師身分執業或出席正式場合。巴拉奇的這種行為，或許是因為近年來證交會的氛圍與機構文化帶來的影響。根據政府監督計畫組織（Project on Government Oversight）的數據，從2006年開始，有219名前任證交會官員在離開政府機關後，接受證交會曾調查的人或公司雇用。

對於依靠證交會保護的投資人來說，無論從多寬容的角度出發，都不會有人喜歡這種現象。更令人不安的是，證交會的部分調查人員在數年間，不斷注意到史丹佛可能違法的重要線索——他的定期存單投資報酬率與成交佣金都太高了，不太可能是安全交易，但證交會的上級長官卻沒有任何實質作為。直到2005年，證交會才在巴拉奇的繼任者同意後展開確實調查。就算如此，證交會也沒有任何人想到要對史丹佛的投資做盡職調查。若他們當時這麼做了，很有可能會揭露一些嚴重問題，足以讓證交會禁止史丹佛集團公司（美國境內的銷售公司），銷售從安地卡的史丹佛國際銀行發行的定期存單。

證交會在當時的最終報告中指出，史丹佛能營運多年的

Chapter 6

巫術式管理：創造帳面利潤的金融騙術

在投資時，希望未來有比自己還蠢的笨蛋，讓自己可用更高的價格，把股票倒賣給他們。

有些人認為，透過發行股票向社會大眾籌措資金，是個輕鬆快速的賺錢方法。事實上這種方法在多數時候都必須付出高額成本，公司主管也會因此必須擔起非常沉重的責任，不過這是十分合理的。然而經濟蓬勃發展時，籌措資金則簡單得多。市場上有太多錢在尋找高報酬率的投資目標，因此投資人的標準下降，變得較不挑剔。大量熱錢四處尋找棲身之所，投資人不再採取「盡職調查」這類適當預防措施，於是許多熱錢最後落入不法分子的掌控中。

若你已經擁有一間股價不斷上漲的公司，還可藉另一個更具吸引力的方法，成為金融界明日之星：**合併**與**收購**。經濟蓬勃發展期間，許多希望能飛速成長的公司，都會試著用最快速度買下其他公司。這些公司之所以有足夠資金能進行併購，是因為公司的市值正不斷升高。

雖然有些併購是穩定運行的長期計畫，但也有許多併購並非如此，後者將會在下一次股市崩盤時原形畢露。有許多一開始大肆執行併購方式的公司，最後都在詐騙指控中倒閉。

本章將細說從頭，探討兩起曾轟動一時的大型併購詐騙案：奧林巴斯集團（Olympus）與勃利．派克國際集團（Polly Peck）。

奧林巴斯醜聞

奧林巴斯，是知名的日本相機與光學設備製造商。在2011年底，奧林巴斯資深員工麥可．伍德福特（Michael Woodford）成為該公司第一位非日裔執行長。伍德福特是名性格務實的英國商人，他不會說日文，所以並不是理所當然的執行長人選。根據日本商業雜誌《FACTA》報導，這間公司「有25名候選人，包括負責處理醫學儀器的副總裁，公司卻挑選這位排名殿後、幾乎沒有任何實質職權的外國主管擔任執行長……」

伍德福特在2011年4月當上總裁與營運長，該年夏天有人傳了一篇《FACTA》雜誌的文章給他，裡頭指出奧林巴斯集團有大量嚴重違法問題。

．2006年至2008年間，以9100.6億美元買下3間公司。

這些公司的營業額全都沒有超過260萬美元，但奧林巴斯沒有給出任何解釋，就把這筆併購開支一筆勾銷。

- 報導指出，奧林巴斯在2008年以高到誇張的價格，收購英國醫療器材公司賈魯斯（Gyrus）。
- 奧林巴斯的多數併購案（其中許多都沒有成功），都是由一家企業併購仲介公司：全球公司（Global Company）負責處理的，據稱兩者關係密切。
- 截至2011年3月底，公司在該年的外匯損失就已經達到鉅額的13億美元。

伍德福特盡責地針對文章指控的相關問題，向公司提出疑問，卻被奧林巴斯董事長菊川剛與執行副總裁森久志等人搪塞過去。10月號的《FACTA》在該年9月底出版，裡面出現更多針對奧林巴斯的嚴重指控。伍德福特執意坐上執行長位置，認為這麼一來就有足夠權限可進行正式內部調查。公司同意了，但在9月30日的董事會議上，伍德福特馬上就看出其他董事會成員不打算配合調查。

伍德福特搭機前往倫敦，要求大型審計公司普華永道（PricewaterhouseCoopers）調查奧林巴斯。普華永道很快就給出一份報告，指出奧林巴斯已經因為一系列不成功的併購案與其他投資，損失12.87億美元的「股東價值」

（shareholder value）了。伍德福特將報告寄給菊川剛與森久志，並要求他們辭職。三天後，他們開除伍德福特，由菊川剛接任總裁與執行長職位。接著，伍德福特向英國「重大詐欺犯罪偵查署」（Serious Fraud Office）舉發奧林巴斯。

祕密已經被戳破了。菊川剛很快就不得不辭職，而後遭到逮捕，並面臨做假帳的審判。他已經認罪了，但這到底是怎麼一回事？答案曖昧不明，截至目前為止還沒有一個完整的解釋。

且讓我們回到1980年代，當時日本沉醉在巨大的經濟泡沫中，美國提出「廣場協議」（Plaza Accord），和數個強國協定要壓低美元兌日圓與德國馬克的匯率。這項協議使奧林巴斯的產品在賣進重要的美國市場時價格升高，公司收入因此在1985年後大幅下滑。內部報告指出，奧林巴斯接著採取「主動金融資產管理」，但此方式在1990年日本經濟泡沫化時帶來巨大虧損。那年公司隱瞞的虧損高達1000億日圓（以當時的幣值來說，大約是7.3億美元）。在這之後，這些「金融工具」（報告沒有詳細指出是哪些工具）造成的損失越積越多，公司顯然採取某些行動來隱瞞或推遲（或者是兩者都有）這些虧損，希望其他風險更高的投資能替他們賺進利潤，以彌補這些損失。

在1990年經濟泡沫化之後，對低效率的西方工業來說，曾是可怕強敵的日本大企業陷入如赤道無風帶般的停滯狀態。美國人常聽說日本企業很不一樣，而且外國人難以進入公司核心更是眾所周知。監察人員認為，很有可能到了最後，法庭依然不會知道訴訟中的奧林巴斯案件背後完整經過。目前的共識是奧林巴斯的違法作為，諸如費用高昂到荒謬的併購案與高額的中間人佣金，都是公司在1980年代為了掩蓋虧損而開始的一系列措施。此外，還有些人不斷指控奧林巴斯，過去多年來一直在支付大筆款項給黑道組織。

驚動西方的日本公司醜聞

奧林巴斯並非默默無聞的遠東器材公司，而是1919年成立、歷史悠久的全球知名品牌，專門生產優良的卓越產品。此外，奧林巴斯也是全球領先的數位相機製造商，掌握全球市場中70%的大腸內視鏡，公司市值25億美元。有鑑於奧林巴斯30%的公司股份屬於國外，又在西方設立許多子公司，所以公司的醜聞引來美國與英國政府機關的關注，其中包括美國證交會、聯邦調查局和重大詐欺犯罪偵查署。

從許多角度來看，日本都屬於已發展的「西方」經濟體。因此，對日本來說，有外籍執行長揭發國內極其重要的公司醜聞，是非常難堪的一件事。不過我們無法確知日本政府是否已準備好要進行一定程度的改革了。舉例來說，日本曾試著在2012年，要求所有上市公司都雇用至少一名外部董事，最後卻沒有成功——不過話說回來，奧林巴斯雇用了好幾位外部董事，**但在外籍執行長揭發詐欺案時，這些外部董事並沒有提供重要幫助**。所以雇用外部董事這樣的規範，或許也不會對這類案件有所影響。根據「亞洲公司治理協會」（Asian Corporate Governance Association）的成員傑米．艾倫（Jamie Allen）的說法：「奧林巴斯的確反映了日本在公司治理方面的許多問題，這些問題已經討論了許多年……儘管不是所有公司的狀況都像奧林巴斯這麼嚴重，但我認為該公司絕不是治理系統如此軟弱無力的唯一一間，這不是單一個案。」日本經濟團體聯合會是日本公認專為大企業發聲的組織，共有1600家公司會員，掌握強大權力，總是強烈反對任何改革。雖然日本民主黨在2009年成為執政黨時，曾承諾要改革公司治理，但目前為止沒有太大成效（或許有一部分的原因在於日本遇到的其他危機，例如2011年的地震與海嘯）。

許多投資人應該早就知道日本公司的治理制度很脆弱。通常人們對此現象的解釋，都和日本文化有關。除了向來知名的「害怕丟臉」，日本在遇到問題時，通常傾向私下悄悄解決問題（奧林巴斯的案例顯然就是如此）。而且在遇到批評，尤其是國外的批評時，往往會團結一致地抵禦外敵。人們大致會把這種現象歸咎於「老日本」或「老衛隊」（Old Guard），但目前為止並不清楚是否有任何「新衛隊」，具備可實現真正改革的能力。

因此，索尼（Sony）在2012年末同意買下大約11.5%的奧林巴斯股份，儘管這件事備受稱道，人們卻並未因此感到安心。索尼當時已連續虧損四年，也和奧林巴斯一樣屬於「老日本」企業。索尼挹注奧林巴斯的6.45億美元能延緩立即性問題。兩間公司無疑具有協同效益——譬如索尼為奧林巴斯的內視鏡製造影像感測器，能為兩間公司同時帶來實際收益，但這並不足以證明奧林巴斯值得投資。海外股東尤其擔心，索尼買下奧林巴斯新發行的股票，會稀釋現存股票的價值。股價是否會遭到稀釋，則主要取決於交易的最終細節。評論認為，這整件醜聞象徵了「老日本」自我保護的方式，並預測未來也不會為了預防類似事件做出太大改變。請記得，這間公司隱藏鉅額虧損的時間，將近二十年。

勃利・派克的崛起

勃利・派克國際集團的醜聞，為投資人描繪出很重要的一件事：**投資做假帳的公司，是有可能讓你賺錢的**。勃利・派克國際集團最開始是一間小型英國成衣製造商，而後迅速成長為跨國集團，進入「富時100」（FTSE100，全名為「《金融時報》前100股票指數」，簡稱富時100），最後在1990年倒閉。如果在1980年代初期買下勃利・派克國際集團的股票並在倒閉前即時脫手，投資報酬率有可能超過1000%，對於不到十年的投資來說，是很不錯的投資報酬率。這就是「最大笨蛋」（bigger fool）投資手法背後的吸引力，指的是在投資時，希望未來有比自己還蠢的笨蛋，讓自己可用更高的價格把股票倒賣給他們。

到了1980年，勃利．派克已經在倫敦證券交易所上市數年了，但該公司當時還是一間非常小的公司，看起來並沒有吸引人的成長空間。接著，一名土耳其賽普勒斯年輕企業家阿西爾．納迪爾（Asil Nadir）以志在必得的態度，用27萬英鎊買下58%的股份，讓一切出現徹底改變。他在7月成為勃利．派克執行長，立刻進行供股[9]，成功募集150萬英鎊。這些資金讓他得以開始執行積極的公司成長計畫。

納迪爾首先尋找機會的地點是北賽普勒斯（Northern Cyprus）。當地在1970年代經歷種族衝突，在土耳其的幫助下設立領土。當時該區域被稱為賽普勒斯土耳其聯邦（Turkish Federated State of Cyprus），不受國際承認，因而深受貿易禁令所苦，急需經濟刺激。而納迪爾發現，該區域的柑橘產業與旅遊業大有可為。據稱，納迪爾在接下來數年間以低價向政府買下幾幢商業建築、可開發土地和大片柑橘園，其中有許多都是前十年間遭希臘賽普勒斯地主拋棄的地

9　公司以優惠價，向原股東出售新股。

產，而當地政府非常希望能提高這些土地的生產力。身為北賽普勒斯人的納迪爾，在倫敦功成名就後回到這裡，想在母國有需要時提供幫助——換句話說，這一系列交易或許沒有社會大眾認為的那麼邪惡。納迪爾在賽普勒斯開設三間公司：憂立派克包裝公司（Uni-Pac packaging）、桑札斯特貿易公司（SunZest Trading）與賽普勒斯探險家（Voyager Kibris）。憂立派克包裝公司是紙箱製造商，從賽普勒斯出口大量柑橘到土耳其時，這間公司非常重要；桑札斯特貿易公司負責管理水果；賽普勒斯探險家則是旅行社，買下土耳其當地的喜來登飯店（Sheraton），並開始在北賽普勒斯發展飯店業。

1982年，納迪爾買下另一間英國小型公司康乃爾成衣（Cornell Dresses）的控制權，利用這間公司募集更多資本，在土耳其設立礦泉水公司尼克薩爾（Niksar），接著在1984年和英國公司科藝百代（Thorn-EMI）共同經營偉視達（Vestel），生產電視與其他電子產品。偉視達在納迪爾掌控下成為勃利．派克國際集團的主要收益來源。如今尼克薩爾和偉視達已經成長為大型跨國品牌了。儘管這些不拘一格的公司看似是十分危險的產業，事實上卻是納迪爾精心挑選的，計畫藉此利用土耳其與北賽普勒斯的政治與經濟狀況。舉例來說，彩色電視一直到1984年才進入土耳其，因此當地對低價電視的需求非常高。

然而，一切都取決於倫敦金融城（City of London）是否有信心。納迪爾擁有優良實績，在1970年代於東倫敦創立一間上市小公司威爾維爾（Wearwell），在勞工價格低廉的北賽普勒斯設立數間成衣製造廠。他的個性迷人，充滿魅力。更重要的是，他挑選了正確的時機：當時在柴契爾夫人（Margaret Thatcher）的領導下，上市公司不斷成長、享受榮景。且公有企業逐漸私有化，股市中間人全賺進大把鈔票，並帶新一代的英國投資人進入市場。1980年代早期，納迪爾看起來就像英國人喜歡的那種充滿衝勁的企業家。倫敦金融城的人雖然無法理解他為什麼志在土耳其與北賽普勒斯這些充滿風險的地點，卻覺得納迪爾的投資或許會大舉成功。到了1983年，不在納迪爾名下的股份，有85%都在英國金融機構名下。

迅速成長，代表有問題

當然，也有人持不同看法。有些評論指出，北賽普勒斯的新創事業特別容易因政治發展而受到嚴重影響。舉例來說，如果賽普勒斯島被重新統一的話，會發生什麼事？勃利・派克國際集團有證券交易所提供的特別許可，不需要在跨領土時切分帳戶（通常企業都必須這麼做），因此投資人沒有辦法釐清勃利・派克國際集團在各個國家交易時分別賺進多少錢。

但勃利・派克國際集團成長迅速，而投資人向來很喜歡成長中的企業。1982年，集團帳目顯示公司的銷售額比去年高出三倍，其中柑橘銷售的利潤占了很大一部分，而集團的紡織品則出現明顯虧損。曾有人質疑勃利・派克怎麼有辦法靠水果賺進那麼高的收益，但納迪爾給出許多企業集團都會提供的標準解釋：柑橘業的垂直整合（種植、包裝、運送與批發）帶來了協同效益，使其能節省成本，因此增加收益。當時因為社會大眾擔心土耳其會更動優惠的稅務減免，導致股價嚴重下跌，不過後來股價還是再次回升，繼續向上直衝。

1984年，康乃爾成衣與威爾維爾被合併進勃利・派克國際集團，接著集團第一次重新評估不動產的價值，評估集團擁有800萬英鎊的儲備金。這個結果有助抵銷匯率帶來的損失。除了1985年，勃利・派克國際集團直到倒閉為止，每年都重新評估不動產。集團的營業額與利潤看來前途無量，1980年的營業額是100萬英鎊，之後一路成長：1981年650萬英鎊、1982年2110萬英鎊、1983年1.372億英鎊、1985年2.55億英鎊。與此同時，集團利潤也每年都在成長：從1980年的小額虧損，變成1985年的5050萬英鎊的高額利潤。

有了機構資金在背後支持，勃利・派克國際集團似乎變得越來越強大了。偉視達獲得執照，可以為赤井電機

（Akai）這類大型跨國電子公司生產器材。勃利．派克國際集團在1987年買下英國本土家電製造商羅素（Russell Hobbs）與台灣凱普電子，股價在同年出現大幅增長。有一部分是出於美國投資人初次有機會能透過特殊共同基金與美國存託憑證（American Depositary Receipts，美國人可透過此投資方式直接投資受認證的公司）購買勃利．派克國際集團的股票。1988年集團股價繼續上漲，在香港、美國、荷蘭與西班牙併購公司並設立合營企業，又買下十艘冷藏運輸船，使資產翻了將近一倍。

1989年正值槓桿收購盛行的高峰期（詳見第2章），在美國靠槓桿併購獲得成長的納貝斯克公司（RJR Nabisco），當時必須賣掉值錢的資產，因此決定賣掉資產中知名的德爾蒙食品公司（Del Monte）。勃利．派克用8.75億美元（5.75億英鎊）買下德爾蒙，成為全球第三大水果批發商；同一年再買下東京證交所的上市電子製造商山水公司（Sansui）以及許多間小型公司，並初次被列入「富時100」指數中。不到十年，勃利．派克國際集團總市值就從30萬英鎊成長到17億美元。對於設立在英國的公司來說，這是非常驚人的成就。納迪爾自己則成為英國排名第39位富豪。

以後見之明來看，勃利．派克能有這麼迅速的成長，顯然代表其中出了問題，但這在當時並非如此顯而易見。集團在1990年末出名後沒多久，重大詐欺犯罪偵查署就開始執行調查，而通常十分可靠的《紐約時報》則指出：「勃利・派克國際集團的商業狀況看起來十分穩定。」8月初，納迪爾宣布要買回市場上的勃利・派克國際集團股份（他已經持有25%了），並把集團轉為非上市公司。儘管當時有報導指出，英國稅務局正在調查勃利・派克國際集團是否涉及內線交易，但納迪爾宣布要買回股份後，股價還是從393便士上升至417便士。5天後，也就是8月17日，納迪爾宣布放棄出價購買股票，使倫敦金融城的態度出現巨大轉變。沒過幾周，重大詐欺犯罪偵查署就突襲搜查負責處理納迪爾私人交易的南奧德利管理公司（South Audley Management），而那些因納迪爾債務而持有勃利・派克股票的銀行，全都悄悄地賣光股票。勃利・派克國際集團的股價直線下墜，接著便被暫停股市交易，由政府接管。接下來會發生的事顯而易見，英國政府將試圖調查勃利・派克國際集團位於土耳其和北賽普勒斯的帳目，而土耳其和北賽普勒斯則會不斷進行阻撓。

用盲人的眼睛觀察玻璃

導致勃利・派克國際集團倒閉的，是納迪爾要把集團私人化後又迅速放棄出價的行為（此舉違反證券交易法規），但他一開始宣布要買下股票的原因至今依然不明。有些知情人士指出，他的決定可能和1990年8月2日開始的波斯灣戰爭有關，而土耳其和伊拉克接壤，因此土耳其的商業活動與其他中東市場都受到嚴重影響；還有些人認為，他的決定和內線交易有關，不過相關調查沒有獲得確鑿的結果；另外也有些人指出，納迪爾覺得勃利．派克國際集團的本益比（Price-to-Earning Ratio）太低了，很是灰心。集團在1990年的本益比大約是八倍——有鑑於勃利．派克國際集團主要靠併購增加規模，一直暴露在過度擴充的危險中，本益比落在八倍其實很合理。勃利．派克國際集團在10月1日宣布納迪爾撤回出價，再加上隨之而來的股價下跌，使公司的流動資金陷入危機。不過也有人強烈懷疑勃利．派克在過去多年來的擴張過程中，已經遇過多次相同的危機了。

無論理由為何，一旦政府接管後，問題就接二連三浮現。理論上來說，勃利．派克國際集團應該有很大一部分的資產是土耳其與賽普勒斯的子公司，但一名土耳其銀行家在10月宣稱：「納迪爾先生沒有在這裡成功賣出任何資產，他已經窮途末路了。」對投資人與債權人來說，最迫切的問題在於確認勃利．派克國際集團，能從近東地區的子公司回收多少錢。但由於法院禁令（某些公司甚至直接拒絕配合），審計單位依然無法取得集團的帳目資料，政府於是把目標轉向勃利．派克國際集團的會計師。他們是防止公司治理出錯的第一道防線，而很顯然地，該集團的公司治理已經出現非常嚴重的問題。

集團會計主任約翰・杜納（John Turner）在1998年被逐出特許會計師協會（Institute of Chartered Accountants），因為他承認自己涉入「不正當交易」與「協助準備不精確文件」。杜納承認的罪名中，有10項是關於從英國轉移錢至勃利・派克國際集團的海外子公司。裁判所主席約翰・貝利爵士（John Bailey）說，杜納的行為就像「用盲人的眼睛觀察玻璃」。多年後，勃利・派克國際集團的外部會計公司柏德豪會計公司（BDO Stoy Hayward），在2002年承認多項起訴罪名，多數罪名都和公司沒有嚴格監督在賽普勒斯的從屬審計機構有關。他們逃過一劫，只遭罰款7.5萬英鎊。2003年，賽普勒斯的從屬審計機構艾爾達公司（Erdal & Co.），有三名會計師因把賽普勒斯子公司裡某些「與現實狀況無關」的審計資料交給柏德豪會計公司，而被英國會計業依照聯合紀律計畫（Joint Disciplinary Scheme）罰款與申誡。不過對投資人與債權人來說，已經太晚了。

掀起政壇風暴

勃利・派克國際集團的倒閉，也影響到了政治圈。納迪爾捐獻了大約44萬英鎊給英國保守黨，如今保守黨的對手紛紛要求他們把錢吐出來。納迪爾為了躲避英國的審判，在1993年逃到北賽普勒斯，而調查期間試圖為納迪爾辯護的北愛爾蘭事務部（Northern Ireland Office）部長麥可・梅茨（Michael Mates）也辭職了。當時梅茨送給納迪爾一只價值50英鎊的手錶，錶上刻著「別被那些混帳打敗了」，因而引起軒然大波——這件事或許確實不太恰當，但也算不上罪大惡極。由於北賽普勒斯的國際狀態比較特殊，並沒有引渡條款，因此納迪爾得以在那裡過上富裕生活，無須擔心英國的起訴案，這使英國投資人與評論家全都怒火中燒。2010年，也就是納迪爾逃到北賽普勒斯的十七年後，他回到英國接受審判，並於2012年被定罪，其中共有10項罪名和他從勃利・派克國際集團竊取2620萬英鎊有關。他遭判處10年有期徒刑，不過法官說他只要服刑5年。

那麼，納迪爾為什麼要回到英國呢？其中必定有一部分是因為土耳其的情勢轉變。曾經穩定發展的土耳其經濟，如今為了符合西方企業的標準而承受巨大壓力。隨著納迪爾的財富逐漸消耗殆盡，他在北賽普勒斯的政治支持度也慢慢消失。對於注重形象的政治人物來說，窩藏逃亡商人是件非常難堪的事。除此之外，過去納迪爾一直堅持，英國是因為他的土耳其血統而迫害他，如今土耳其人與北賽普勒斯人也漸漸不再相信他的這番說詞。根據多篇報導指出，儘管納迪爾被迫流亡北賽普勒斯郊區的生活還算舒適，但他向來熱愛有錢人的豐富社交生活，而當地環境使他越來越沮喪，他也越來越無法忍受無法跨國旅行（他擔心會被引渡到英國）。不過，這些都不是完整的答案。

納迪爾回到英國，有可能是因為他誤解了英國傳來的訊息，認為自己有可能獲判無罪；也可能是他被不知名的派系人士刻意誤導，才相信自己能無罪釋放；也或許是他認為保守派再次掌權後自己可獲得優待。當裁決結果出來時，他似乎發自內心地感到訝異。

勃利．派克國際集團已成為商學院學生近年常見的個案研究對象。通常，眾人都把重點放在集團的「幣別錯配」（currency mismatching）上。在勃利．派克國際集團一案中，指的是公司用英鎊和瑞士法郎等強勢貨幣以低利率借錢，再把錢投資在使用土耳其里拉等弱勢貨幣的高投資報酬率地區。這樣的做法會增強損益表的表現，同時卻也使資產負債表出現虧損。不過以我的觀點來看，勃利．派克國際集團的問題核心並非幣別錯配。最關鍵的問題在於1980年代，**英國的會計和審計單位，心甘情願地接受勃利．派克國際集團位於土耳其和北賽普勒斯的子公司提供的錯誤資訊，而英國的投資人（以及後來的美國投資人），則十分依賴這些單位的判斷。**

由於英國人並不了解土耳其和北賽普勒斯，所以只能依賴會計與審計單位。英國的會計業出了嚴重問題，儘管後來英國為了提高公司治理的標準，提出《吉百利報告》（*Cadbury Report*）[10]，但投資人依然應該注意，不要完全信任審計單位。當投資內容牽涉到不符合盎格魯薩克遜（Anglo-Saxon）商業模式的海外子公司時，尤其如此（詳見第11章）。

投資人對上商業巫師

從散戶投資人角度來看，奧林巴斯和勃利．派克國際集團的騙局並沒有本書討論的其他案件那麼嚴重。原因不只在於鮮少有投資人認為，把所有資本都交給單一公司是件恰當的舉動；更重要的是，這兩間公司的基礎商業模式是穩固的，不像馬多夫和史丹佛是虛構的。奧林巴斯製造出世界各國都有需求的優良產品；勃利．派克國際集團的商業模式則更加健全，許多公司在集團倒閉後依然發展良好，電視製造商偉視達就是一例。

奧林巴斯一案的違法事件之所以會出現，是因為想掩蓋在1980年代日本經濟泡沫化時出現的極嚴重虧損。當時幾乎所有日本大型公司都犯下巨大的投資錯誤，而奧林巴斯的「金融工程」更使狀況雪上加霜，不過目前日本並沒有揭露相關細節。那些掩蓋事實多年的主管，並不是出於個人利益

---

10 此報告為英國公司治理發展的里程碑事件，要求董事會做出聲明，詳細描述公司治理的有效性，要求公司設立審計委員會，強調內部審計的日常監督是公司的例行工作。

才這麼做，而是因為對公司與前任主管的忠誠。日本經濟泡沫化後，英國投資人接收到的普遍建議是：盡量不要投資日本，因為該國有不計其數的「殭屍企業」（依然在營運，但正接受政府的經濟救助或已經付不出債款的公司），且日本在1990年代開始迎來「失落的十年」（Lost Decade），以及該國企業嚴重缺乏透明化。因此，只有勇氣十足的英國散戶投資人，才會決定嘗試直接投資奧林巴斯或其他大型日本公司。

勃利．派克國際集團對英國投資人的吸引力則比奧林巴斯大得多，可說是專屬於那個年代的產物。當時政府重商，不斷鼓勵社會大眾投資股市。而倫敦金融城的人大多短視近利又有些憤世嫉俗——常有人推測，當時投資勃利．派克國際集團的金融機構，很可能都是在實踐「**最大笨蛋理論**」。這些金融機構不怎麼相信集團的帳目，跟風的小投資人卻更信任勃利．派克國際集團。但在那段時期，就連散戶投資人都常認為短期投資是唯一理智的投資方式——買進一間在政治與經濟方面都有利的公司，希望能在出錯前脫手。有將近十年時間，這種投資方法都沒有出現任何問題。儘管以短期投資處理所有資金並非穩健的投資方法，但把小部分資金用在短線投資，算不上全然不合理（詳見第12章）。或許這聽起來毫無道德觀念，但**成功的投資人有時確實會做出一些明智的機會主義行為，冒險投資一間帳目狀況理想、正蓬勃發**

Part 3

我們為什麼活該被騙？

The Con Men：
A History of Financial Fraud and
the Lessons You Can Learn

Chapter 7

投資罪行：相信假先知、為末世投資與貨幣幻覺

這些罪行會使投資人變得容易被騙。就算沒有詐騙，也會使投資人犯下重大失誤。

本書目前討論的，大多都是詐欺犯的違法行為。現在，該把焦點轉移到身為投資人的我們常犯的錯誤了。或許我們最愚蠢的過失，是**無知**。散戶投資人真的很需要好好學習投資這件事，而且在整個投資生涯中都不該停止學習。學習時，謹慎選擇學習對象是很重要的。有些人會說自己對投資有確實把握，也會針對通常很複雜的問題提供模糊又過於簡單的指導。這種人不太可能是有益的知識來源，也不太可能是有辨別能力的人。

本章將檢視3個常見的投資「罪行」：**追隨充滿個人魅力的投資大師、太過喜歡黃金**，以及「**貨幣幻覺**」（money illusion，經濟術語，指投資人分不清貨幣在數字上的變化，與貨幣在通貨膨脹影響下出現的變化）。

這些罪行會使投資人變得容易被騙。就算沒有詐騙，也會使投資人犯下重大失誤。

理財大師教你的，並非財務教育

1997年，來自夏威夷的前推銷員羅勃特・清崎（Robert Kiyosaki）自費出版了一本書籍《富爸爸，窮爸爸》。其撰寫手法是寓言故事，也就是如《誰搬走了我的乳酪？》（*Who Moved My Cheese?*）這類成功勵志書籍常會使用的形式。《富爸爸，窮爸爸》在多層次傳銷圈出名後，獲主流出版社選中並成為一本暢銷書，爾後接連出版更多系列作（據稱這系列的書總共賣出2000多萬本），其中包括他和前美國總統唐納・川普（Donald Trump）合著的《川普清崎讓你賺大錢》（*Why We Want You To Be Rich: Two Men, One Message*）。清崎一開始從事的工作毫無前景，後來靠著勵志課程的龐大商機，成為一位國際名人（他甚至在2000年上了歐普拉的電視節目宣傳）。《時代》雜誌宣稱《富爸爸，窮爸爸》已成為「史上最傑出的個人理財書籍」。

《富爸爸，窮爸爸》一書的核心訊息是：若你想變有錢，就應該要學習清崎的富爸爸。那位富爸爸是清崎學校一位朋友的父親，他沒有高等學歷，但卻成了有錢人。根據該書的論述，我們不該效法清崎親生父親「窮爸爸」的觀念。窮爸爸作風正派，在夏威夷一間學校擔任校長，而清崎在書中把他描述成一位缺乏企業精神的人。清崎推薦的致富方法不是努力工作與儲蓄，而是去購買能帶來收入的資產。簡而言之，就是購買可出租的地產，或去開創任一種事業。

我其實滿贊同某些勵志書籍的內容，卻不贊同這一本。清崎在書中使用大量口號和老套標語，輕率地從這個話題跳躍至下一個。書中少有實際建議，反而提供錯誤資訊（如美國某些特定個人開支能獲得的稅務減免）與未經證實的敘述（如清崎靠著許多不同生意賺進數百萬美元），他甚至還提倡內線交易等可能違法的活動（詳見本書第2章）。其實這本書從諸多角度看來都是一本心靈勵志書，目標客群顯然是教育程度不高的低收入者，因此書中才會不斷重複指出：想變有錢的人，不需要有高收入或良好教育。這句話當然是真的，但不該用清崎暗示的方式解讀，一般人也很少會用飛快的速度致富。

這類個人財務大師的目標客群，大多是教育程度不高的低收入者，通常不會受到主流媒體關注。他們靠著迎合某些弱勢者的願望賺進不少收入，對一般社會大眾或特定私人投資者的影響卻很小，有時甚至毫無影響。不過，這樣的敘述並不符合清崎的狀況：他的影響力非常龐大。《富爸爸，窮爸爸》和他另外兩本書都登上《華爾街日報》和《紐約時報》暢銷榜第一名，在世界各國也都非常暢銷。他是雅虎財經新聞網的財經專欄作家和「專家」，上過電視很多次，不少影視明星（如威爾·史密斯）都十分支持他的書。此外，他也認識川普，兩人還合著了一本書。

羅勃特・清崎之所以重要，是因為他很有名，而有名的人就擁有影響力。儘管他宣稱自己是在提倡金融教育，但他的書裡不但缺乏有用的金融教育知識，甚至還有不適當或誤導人的訊息。原則上，清崎在書中提倡企業家精神，或建議讀者把錢投資在房地產並沒有錯，但他沒有好好指導讀者，該如何在這些領域中處理投資的本質。他的書能「激勵人心」，涵蓋領域廣泛，但裡面沒有具體的實際知識。

部分針對清崎背景所進行的調查指出，這位金融大師認識不少多層次傳銷組織與自助組織。首先，清崎說他的確在1974年上了「艾哈德課程訓練班」（Erhard Seminars Training），人生從此變得大不同。這個訓練班是1970年代至1980年代的新時代[1]訓練組織，後來因手法激烈而引起爭議。訓練班創始人維爾納・艾哈德（Werner Erhard）曾在2012年告訴《金融時報》記者：「我不是個親切的人。我不說親切的話。我不喜歡親切的人。我認為親切的態度是對我自己的承諾，而不是對你的承諾。」可以從這句話窺見這些訓練課程的關鍵核心。1980年代，同樣參加過艾哈德課程訓練班的馬修・賽得（Marshall Thurber），建立一個名為「金錢與你」（Money and You）的課程，清崎也加入了。1984年，清崎和另外幾個人把這個課程帶到澳洲，在接下來將近

1 New Age，泛指1970年代在美國興起的各種靈性信仰或宗教信仰。

十年裡都經營得不錯。接著在1993年，澳洲新聞節目《四角》（*Four Corners*）做了一集節目批評「金錢與你」，並在節目中訪問參與這些課程的人。其中一名出席者說：「我們陷入一種狀態，當時大廳裡幾乎陷入那種狀態的人都在哭，有些人已經瀕臨崩潰了。你會失去自己的價值觀和信念。」這樣的場景使人聯想到1970年代舉辦的艾哈德課程周末訓練班。《四角》的報導顯然對澳洲的「金錢與你」造成不小傷害，隔年清崎就離開該組織。他宣稱，離開的理由和節目毫無關連。

勵志話語不是金融教育

此外，清崎也和安麗（Amway）有關連。安麗是個直銷組織，利用多層次傳銷技巧把美妝、保健與清潔產品賣到全世界。多層次傳銷是一種被嚴重批評的銷售方法，銷售員除了靠賣出的產品獲利，還能藉招募新銷售員來獲利。儘管多層次傳銷公司與公司中比較成功的銷售員能賺錢，但許多被招募進來的銷售員可能是賺不了錢的。他們通常必須先付一筆可觀的資金，買下之後要賣的產品才能開始銷售。根據2011年的一份研究指出，正在銷售安麗產品的直銷商，平均每月只能賺進115美元。宗教社會學家大衛．布倫萊（David Bromley）將安麗描述為「準宗教組織」，並說成功的安麗經銷員可以「靠著在安麗的課程與集會上發言，獲得一筆不小的報酬」。在美國的安麗集會上，參加者通常會接收到的訊息是：美國人已經忘掉能使美國偉大的個人品格了，而靠著販賣安麗的產品，可以變身為成功的自營商人。布倫萊將安麗的集會和老派的信仰復興集會相比，參加這兩種集會的人，都會在演講與頒獎過程中大喊一些自我激勵的話語，例如：「我有信念！」「真是太棒了！」安麗在政治方面的態度極為保守，這也反映出想成為經銷員的人，通常抱持哪些信念。安麗具有許多充滿吸引力的要素，其中一個非常強大、就像邪教一樣的，便是安麗提供能替代家庭的團隊成員，供給許多感情上的支持。

那麼，清崎和安麗的關係有多近呢？據稱，安麗的高階主管在讀到原始的自費版《富爸爸，窮爸爸》後，決定拿這本書來增強安麗經銷員的熱忱，因而讓這本書一炮而紅，使主流出版社選中這本書出版。另外還有人指出，清崎曾當過安麗的經銷員，不過他自己從沒有公開提過這件事。可以確定的是，安麗的參與者曾使用清崎的作品來推廣「自己當老闆」這件事，而清崎自己也曾在著作《21世紀經濟報導》（*The Business of the 21st Century*）中支持網路傳銷（network marketing，多層次傳銷的一種）。

很多人都說，美國人已經習慣被推銷了，通常都對強迫推銷有很高的抵抗力。不過從清崎的著作銷售量看來，美國人不太能抵擋清崎的推銷。世界各地都在銷售與清崎有關的產品和課程，許多開發中國家的人，會在不甚理解現代西方社會運作方式的狀況下，接觸到這些產品：他們覺得，西方社會每樣東西看起來都閃閃動人，但美國人知道事實並非如此，並對此感到十分不安。

我在撰寫此章節時，聽說了一件讓我吃驚的事。我認識一位中文流利的新加坡朋友，她說自己最近在新加坡聽了一場清崎的演講。新加坡並不是開發中國家，從許多方面來看，都已經是全球最先進的國家之一了，但在新加坡現代化的外表下，潛藏著在西方人看來異常容易受騙的文化。我原以為朋友應該有辦法分辨清崎與值得信任的投資人之間的差異，例如現居新加坡的吉姆．羅傑斯（Jim Rogers）就是值得信任的投資人之一，他過往的投資紀錄良好，也和喬治．索羅斯（George Soros）曾是合夥人，沒想到朋友卻無法分辨這兩者的不同。此外，朋友也容易犯下稍後會討論到的其他投資罪名。這提醒了我，並不只有窮困或弱勢者才會犯下這種錯誤。這件事最關鍵的重點在於，**我們不該把大師說的「勵志話語」當作真正金融教育的替代品**。真正的金融教育，必須耗費多年時間養成。如果各位近期才成為投資人，對投資不甚了解的話，請盡其所能閱讀大量金融書籍與財經新聞，不要依賴單一個體（包括本書作者）來告訴你投資的「真正」樣貌。

等待世界末日的金蟲們

在這世界上，有些人相信某些特定金屬——通常是黃金——的長期投資價值，遠超過其他投資標的。他們當然有權利這麼認為，但這些人抱持這種觀念的邏輯，與其他投資人大不相同（例如有些人可能認為，在過去五十年間，英國地產是很好的投資標的）。他們是如此熱烈、武斷地相信黃金，幾乎到了有些匪夷所思的地步。他們藐視法定貨幣（fiat money，政府創造的貨幣，沒有固定價值，簡稱法幣）；他們拒絕以全面觀點考慮問題，認為不投資黃金的投資人講好聽一點，是固執又無知的傢伙；往壞的方面講，則是協助有錢人執行陰謀的走狗。他們認為所有意見不同的言論都是垃圾，就算這些言論來自諾貝爾經濟學獎得主保羅．克魯曼（Paul Krugman）或廣受讚譽的頂尖投資人巴菲特也一樣。

巴菲特在2011年的致股東信中提出一個重要觀點：黃金是一種永不會產出回報的資產，人們購買黃金只因認為它的價格會上漲（不過事實並非如此，有些比較古怪的人買黃金的唯一原因，是他們認為現代社會即將崩潰，黃金將會是屆時唯一有價值的東西）。他同意「金蟲」[2]的論點，認為政府沒有能力在通貨膨脹時期，防止法幣的價值逐漸稀釋，卻不

2 gold bug，熱中投資黃金的投資人。

認為我們應該因此把所有財產都投資在黃金上。巴菲特指出，如今全球已開採黃金存量大約是17萬公噸[3]，匯集在一起會形成一個邊長68英尺的正方體，2011年的市值是9.6兆美元。接著他把這個龐大的黃金方塊，拿來和能用9.6兆美元買下的其他投資標的比較。這其中包括美國的所有農作地（面積4億英畝，年產量為2000億美元），還有16家像埃克森美孚石油公司（Exxon Mobil）這類全球獲利最高、每年賺進400億的公司。買完後，你還能剩下1兆美元。依此分析邏輯來看，若任何擁有9.6兆美元的投資能選擇的話，必定會選擇買下能每年產出8400億美元利潤且未來可賣出的寶貴資產，而不是把錢全都投資在無法生產任何價值的黃金上。

這個論點對於理性的人來說很有說服力，但偏激的金蟲絲毫不會因此動搖。他們的主要問題在於**恐懼**：恐懼缺乏責任的政府，會使國家陷入惡性通貨膨脹；恐懼文明的崩潰。他們堅稱，遇到這種狀況時，唯有黃金能拯救人們免於貧困。但從許多合理推論來看，黃金都不太可能在混亂狀態下發揮這個功能，更不用說當權政府很有可能試圖把所有黃金都拿走。此外，在如同末世般的社會崩潰發生時，法律與秩序將會全面癱瘓。就算是奉行生存主義的瘋子，擁有一座地下碉堡和幾把槍，又該用什麼方法保護自己的黃金不被歹徒

3　根據世界黃金協會網站上的資料，全球已開採黃金存量約197,576公噸。

搶走呢？為了解釋在社會混亂的狀態下，黃金為什麼並不一定是好的避險手段，讓我們簡單了解一下兩起真實發生過的事件：越戰結束後越南船民逃離潮，以及發生在1920年代早期的德國惡性通膨。

越南難民潮與德國惡性通膨

1975年，北越發生西貢430事件（Fall of Saigon）後，大量越南人為逃離迫害而搭上一艘艘船出海，希望能找到一個避風港。根據預估，大約有20萬至40萬人在過程中因意外和海盜而死於海上。有些人靠大量黃金換取到上船機會。接著，在騷亂與徵收結束後，越南政府在1979年同意，讓想離開的中國人離開越南。若想獲得離開許可，每人必須支付數盎司黃金的費用給公共安全局（Public Security Bureau）。據統計，政府透過這個方法賺進1.15億美元（大約是越南國民生產毛額的2.5%）。這個事件給了我們什麼啟示？在逃難過程中，擁有黃金或許能救你一命，但有鑑於黃金很重，又可能會被搶走或徵收，帶太多黃金在身上或許反而會帶來大問題。

舉世聞名的威瑪共和國（Weimar）惡性通膨發生在德國，從1921年6月持續至1924年1月，為期兩年半。當時的催化劑是德國必須用黃金或外幣，支付戰爭賠償金給一次大戰的戰勝國，於是德國買進大量外國貨幣，導致德國馬克迅速下跌、德國物價飛速上漲。惡性通膨對不同社會經濟階層的人造成了不同影響：舉例來說，一開始勞工領薪水的頻率越來越頻繁，拿到的紙鈔也越來越厚，但依然買得到食物；依靠儲蓄的中產階級，則因為資產價值急遽下跌，很快就變得一貧如洗，那些把房子賣掉籌措現金的人尤其如此；過去曾高額借貸的人則撿到便宜，可以輕鬆地用貶值的馬克支付債款。通膨造成最令人不快的影響之一，是儘管郊外依然有許多食物，農夫卻不願讓人用馬克購買食物，導致許多市鎮缺乏糧食。後來，就算有黃金或外國貨幣，也很難在鎮上買到食物，以布雷斯勞市（Breslau）為例，外國人到了這裡，會發現自己只能「每天清早擠入餐廳，苦等好幾個小時才終於吃到這天唯一的一頓正餐」，孩童尤其受營養不良所苦。到了1923年秋天，事情不可避免地發展成：政府宣布本身擁有掌控外國貨幣、黃金與其他貴金屬的權力，並打開郵局庫房、闖進人民家裡拿取貨幣與貴金屬。甚至柏林有警察闖進咖啡廳，強迫咖啡廳的顧客交出錢包中所有外幣。

擁有一些黃金——如一條金鍊子或數枚金幣——或許能讓你換得必需品，但在德國的例子，其他東西也同樣具有價值，如鋼琴、漂亮畫作甚至雪茄。而無論是在德國還是越南，黃金都無法使人絕對安全。因此，若覺得把所有資產都變成黃金，就足以在極端狀況下獲得保護的話，那很有可能

利，因此告訴我：『我賣掉這件襯衫後，會把剛剛你給我的錢，全用來買新的一件來賣。』她賣給我的價格很便宜，在我詢問原因前，她繼續說道：『但我買這件襯衫時花的錢更少，所以我還是有賺。』」費雪認為這位女店長錯了，事實上，這筆交易是讓她賠錢的。根據費雪的計算，他購買這件襯衫時支付的150馬克，在1921年的價值只有90馬克（他沒有明確指出是1921年的什麼時候），而女店長買這件襯衫時支付的，是1921年的100馬克。所以計算下來，女店長其實賠了1921年的10馬克。費雪說，這種現象是因為女店長懷有「貨幣幻覺」，也就是她分不清貨幣在「數字上」的價值，與貨幣在受到通貨膨脹影響後的「真正」價值。費雪認為，之所以會出現貨幣幻覺，是因為**人們傾向認為自己擁有的貨幣具有固定價值，是其他物品出現價格上的變化**。

儘管學術圈的經濟學家們一直為貨幣幻覺爭論不休，但這個概念確實具有討論價值。

從最基本的層面來看，許多人就算模模糊糊地注意到通膨帶來的影響，也依然不太能計算自己該因應通膨做出何種調整，或在判斷貨幣的數字與價值時感到困惑。舉例來說，金融服務公司只要不受法律限制，通常都會用數字來計算投資報酬率，而不去提及貨幣的實際價值，政客與記者因而時常犯下「貨幣幻覺」這種錯誤。另一個例子是英國前首相大衛・卡麥隆（David Cameron）在2010年一場演講上所說的話：「我有些話想告訴那些使我們陷入如此混亂的人。那些人在十三年內累積的債務，已超過前政府在三十年間累積的債務。沒錯，我說的就是你們工黨。」儘管工黨的確沒有在這十三年好好處理國家經濟，但卡麥隆這幾句話其實是非常嚴重的誤導。他說的是債務的數字，而非債務的實際價值。如果考慮到通膨，適當調整這些債務數字的話，工黨的十三年債務，將比卡麥隆所說的三十年債務還要少上許多。

在房地產市場中，貨幣幻覺也有一定影響。假設有對年輕情侶正考慮買房或租房，能申請到利率固定不變的房貸。他們認為，真正的利率與帳面數字上的利率是連動的（事實並非如此）。如果通膨正在減緩，他們可能會覺得買房比租房子便宜，而沒考慮到減緩的通膨，將使未來的房貸支出，在實質價值上變貴；如果他們與許多一樣陷入貨幣幻覺的人決定要買房子，房價將會被推高。除此之外，在房市逐漸萎縮之際，房價的帳面數字會出現「停滯」。人們通常不會想在帳面數字下降時賣掉房子，就算可用更便宜的價格買下過去負擔不起的房子也一樣。也就是說，如果有人用10萬英鎊買下一間公寓，而價格下滑5%，就算現在可用9.5萬英鎊買下另一間相似公寓，人們也會因帳面數字而不想賣掉房子。這種傾向將會大幅衝擊房屋交易量，使房市陷入蕭條。

對陷入貨幣幻覺的人來說，他們的判斷很大程度上取決於**描述方式**。舉例來說，根據實驗證據指出，若要求受試者選擇：在4%通膨狀態下調漲2%的薪水，或在沒有通膨的狀態下調降2%的薪水，人們都傾向選擇前者。但實際上，受試者在這兩個選擇中所遭受的損失是相同的。帳面數字增加，感覺就是比較好。當研究人員用不同方式描述這個問題，把焦點放在貨幣的實際價值時，則會有更多受試者發現這兩個選項沒有差異。

讓我們把焦點轉回1922年，在柏林賣襯衫給歐文·費雪的女店長身上。我們可明顯注意到，她非常積極地強調，襯衫的進貨價格已經漲到等同於零售價格——換句話說，購買存貨的成本上升了。從這裡可看出一個時常發生的現象：顧客往往認為店長在通膨期間用較高的新價格販賣過去的存貨，是件不公平的事。柏林那位店長擔心顧客會覺得她提高價格是詐欺。費雪指出，那位店長事實上並沒有注意到自己的銷售行為造成虧損，就算真的注意到了，她可能還是必須小心留意顧客因為貨幣幻覺，而認為她大賺一筆。

多數金融交易都是以帳面數字顯示的，因為這樣比較簡單。而且短期來說，帳面數字與實際價值之間的差異可能並不會太大。多數人無法在每次買賣東西時，迅速適應通貨膨脹帶來的影響，通常也沒有這個需要。但在做所有重要的投資決定時，我們絕對應該要進行**通膨評估**。一般來說，我們可藉由價格指數來評估通膨狀況。若有需要，請使用英國下議院提供的「統計能力指南」（Statistical Literacy

Guide），來了解如何評估通膨（https://commonslibrary.parliament.uk/research-briefings/sn04962/）。

為什麼有些人總是上當？

回到1970年代，提倡個人成長的狂熱團體在年輕人之間風行一時，部分是出於1960嬉皮年代時，毫無節制的行為與藥物濫用。1970年代的人明顯不再奉行享樂主義，而是把焦點轉移到更有建設性的「另類」生活形態。但當時有五花八門的狂熱團體與社群，提供各種完全偏離西方國家常態的生活方法，企圖讓人們變成更潔淨、更好的存在。不過，並非所有狂熱團體與社群都很糟。許多來自1970年代的邪教概念，例如有機食物的價值、對多樣化抱持寬容態度以及環境主義的重要性，如今都成為徹底的主流思想，大型政黨通常也會支持這些想法。當時也有一些宗教色彩較濃的狂熱團體，透過斯巴達式訓練法、少量飲食與唱歌，協助許多成癮者戒除藥癮，例如國際奎師那意識協會（International Society for Krishna Consciousness）就是一例，該協會常被描述成印度教中的耶和華見證人。有些狂熱團體則具有明確的西方特性，使用西方心理學架構，教導一些人如何在平凡生活中變得更有效率、更有力量，也更有說服力——許多參與這些團體的人，後來變成商業界成功人士，尤其常出現在注重個人溝通與說服技巧的行銷圈。不過擅長溝通與說服，並不會使你在投資時具備做出健全判斷的分析能力與思考能力。此外，現在投資人應該要特別留意，在如今的個人投資界中，有非常多個人與組織都和1970年代的狂熱團體有關聯，至今依然在使用當時的技巧。接近他們的時候，要格外謹慎！

每隔一陣子，就會聽到一些值得敬重的經濟學家堅稱，社會應該要回到金本位制，也就是1870年至一次世界大戰爆發期間盛行的貨幣制度。在那段時期，許多開發程度較高的國家，都發行以黃金計價的固定價值紙幣，通常可直接兌換成黃金。有關金本位制的論述十分複雜又充滿爭議，而在散戶投資人目前生活的社會中，政府發行的是並未綁定黃金的法幣。所以對投資人來說，金本位制並沒有多大用處。有些人認為，就算再度啟用金本位制也無法解決太多問題、更無法防止政府找到其他方法操控貨幣價值。我個人比較相信這些人的論述。法幣之所以對投資人會是個大問題，是因為會隨時間流逝貶值，所以必須投資企業或建築等具有生產力的資產，而不該像諾貝爾文學獎得主約翰·高爾斯華綏（John Galsworthy）著名系列小說《福爾賽世家》（*The Forsyte Saga*）中的維多利亞一家，靠著政府的債券利率過活。因此，我們必須留意金蟲與推廣黃金投資的人，他們不太可能帶領你獲得良好的投資報酬率。

最後，我們需要訓練自己**以實際收益（扣除通膨影響後得到的數字）來檢視投資報酬，而非帳面上的收益，特別是長期投資更是如此**。如果能做到以實際收益思考的話，將會發現在計算現金儲蓄與債券殖利率時，得到的常會是負數收益，也不再因為賣房子賺進的利潤數字那麼高而大為驚嘆。進行通膨調整，還能幫助你分辨朋友與敵人。那些向你描述投資時總是不使用真實價值、只使用數字的人，要不是不知道自己正在這麼做，就是故意想誤導你。我們必須學著在數字出現任何變動時，都能辨識出什麼是真正的價值，以及價值是否有增加。

此外，保持簡單也有很多好處。巴菲特曾說過一則老人的故事。這個老人從前是位流動商人，後來開了一間成功的百貨公司。有一天，他的兒子想出一個能撼動金融市場的商業大計畫，並把這個計畫告訴老人，老人叫兒子去七樓的儲藏室看看：「你會在那裡找到四十年前，我來到這座鎮上時推來的手推車。」他說，「記得只有這是資本，其他都是利潤！」

Chapter 8
系統中的道德風險

如今金融服務公司正盡其所能地使投資人覺得公司提供的投資項目極其誘人，導致市場上各種欺騙戲法變得十分猖獗。

許多投資人成為詐騙受害者，主要是因為他們誤解了特定投資項目的風險有多高——而背後的推手，通常正是販賣這些投資項目的人！如今金融服務公司正盡其所能地使投資人覺得公司提供的投資項目極其誘人，導致市場上各種欺騙戲法變得十分猖獗。正如我們先前提到的，投資人會因經濟學家稱作「**委託代理問題**」（principal-agent problem）的狀況而身陷麻煩之中。在這個狀況中的投資人即是委託人，金融服務機構則是代理人。代理人手中掌握的市場資訊會比委託人更多，而委託人又無法緊密監督代理人的行為。這樣的相互關係，使代理人有動機把自己的利益擺在委託人之前，因此投資人必須倚賴金融監管機構的保護。委託代理問題其實是一種「**道德風險**」（moral hazard），也就是當其中一方冒險並導致事情出問題，承擔風險的將會是另一方。道德風險不只發生在投資界，也會發生在其他許多地方，舉例來說，若夜班警衛在工作時睡著了，這對警衛的雇主來說就是「道德風險」，因為必須承受小偷闖進來所導致的後果。道德風險通常會發生在如公務體系等較難開除員工的地方，而投資界中較典型的道德風險案例，是金融服務機構以「不當銷售」（misselling）的方式賣產品給投資人，並從投資人的資金中取出高額紅利。

金融業中的道德風險是不可能完全消除的，但只要小心設計金融機構的建構方式，發展出可遵循的規則，並設立有能力懲處違反者的有效監管機構，就可把道德風險控制在可管理的範圍內。在過去二十年間，隨著全球金融服務的擴張與政府法規的過度寬鬆（如美國），使得道德風險大幅提升。之所以會出現這些過度寬鬆的法規，有一部分是出自意外、一部分出自政府貪腐，還有一部分則是因某些政府在2000年代透過金融服務業賺進大量稅收，被這些錢迷得神魂顛倒。值得一提的是，儘管許多人都在經濟蓬勃發展時期天花亂墜地誇獎自由市場，但金融服務業永遠不可能獲得完全的自由：從許多層面來說，政府必須用各種方式參與金融市場。而且多數經濟學家都曾指出，政府不該讓金融業的關鍵行業——也就是銀行業，在毫無管控的狀況下運作。從2007年至2008年間出現一系列的金融危機以來，一直有許多「卡珊德拉」（Cassandra）[4]針對銀行業內的系統性道德風險提出警告。如今，事實證明他們的警告都是正確的。

許多人認為「卡珊德拉」只是喜歡唱反調的悲觀主義者（美國人將這種人稱作「憂鬱古斯」〔Gloomy Gus〕[5]，但在古希臘神話中，卡珊德拉受到眾神詛咒，獲得能精準預言的天賦。之所以是詛咒，是因為眾神同時確保沒有人會相信她的精準預言。最近有位天真的新聞評論家在《衛報》上發表觀點：「有些陰謀論者瘋狂假設，全球金融系統從上到下都充斥著系統性詐騙，在金融圈與政治圈中擔任守門人的關鍵人物（包括監管機構）都知道這件事，而他們選擇不戳破。」任何直接接觸過金融市場的人都會知道，沒有任何事比這段話更脫離現實。不過，如今有些祕密已經被戳破了，過去大致上忽略這些問題的主流媒體，也開始對此進行無休止的討論。

正如《金融時報》首席經濟評論員馬丁．沃夫（Martin Wolf）曾指出的：「從長期來看，那些為內線交易者賺進大筆獎金，並持續威脅到數百萬無辜旁觀者的金融業，在政治上是不可能被接受的。所有希望以市場為導向的全球化，能變得更加蓬勃發展的人，將會意識到這就是全球化的弱點。」身為一個希望以市場為導向的全球化能更加發展的散戶投資人，我確實也意識到這個弱點。儘管如此，強烈反對

4　希臘神話中能預言災難的先知，最後卻因說實話遭到放逐。

5　美國1900年代廣受歡迎的連環漫畫《快樂胡立根》（*Happy Houligan*）中，一位性格悲觀的角色。

全球化，甚至回歸過度控制投資與經濟發展嚴重受限的冷戰時期，是非常危險的一件事。

金融系統的道德風險，是詐欺

2009年10月，英國央行（Bank of England）執行長莫文・金恩（Mervyn King）發表公開談話時，討論了銀行業者在金融危機中扮演何種角色，以及英國如今多麼需要重大改革。他堅稱：「多間銀行不斷增加資產負債表的資金金額與槓桿，這些資金量已經威脅到整個系統的穩定性。」接著，銀行再靠著政府紓困度過難關。想當然耳，這也是一種道德風險。如果我擁有一家銀行，又知道政府不會讓這家銀行倒閉的話，就會有很高的誘因去冒險，因為我知道如果冒險失敗，會有政府幫忙買單。根據金恩的說法，「銀行與其債權人都知道，只要他們對於整個經濟體或金融系統來說夠重要，政府就必定會在事情出錯時替他們撐腰。而且他們是對的。」

雖然在危機期間，政府有時確實必須插手提供短期協助，以維持系統不至崩潰，但政府不可能提供永無止境的支持。金恩繼續說道：「政府有兩個方式可處理這個問題：第一，為某些銀行創造出『大到不能倒』的特定分類，並用極度嚴格的法規進行監管；第二，找出方法在這些銀行倒閉的同時，保護普通人的儲蓄、房貸、利率等財產不受影響。」

過去監管比較嚴峻的時期，也就是1980年代金融法規鬆綁「大爆炸」前，政府嚴格規定金融服務業必須彼此做出區隔——舉例來說，當時絕不能同時是大型商業銀行、證券經紀商、衍生性金融商品交易人、基金經理人、債券發行人、金融顧問、房貸債權人與投資銀行；現在卻可同時扮演上述所有角色。法規剛開始鬆綁時，政府不斷要我們放心，大型機構如今可執行的這些金融活動之間是不會有利益衝突的，機構間也有一套如同「萬里長城」的聰明系統，可防止利益衝突。我們可以從丹尼斯・李維的經歷（見第2章）中看到，事實很快就證明這套說法是錯的，金融系統間的利益衝突，從那時就開始不斷成長至今。

在許多案例中，金融系統的道德風險已經構成徹頭徹尾的詐欺，但由於這些道德風險已經同化至銀行體系中，幾乎無所不在，所以政府很難抓出哪些人該負責。在2007年至2008年間，銀行業的醜聞開始爆發之際，我們看到許多機構與個人似乎都將要逃過一劫。不過在接下來幾年間，有越來越多銀行犯罪的證據一一浮現，其中至少有部分的機構與個人可能難逃法網。為理解銀行系統中的問題規模有多大、多深，接下來要檢視兩個案例：第一個是倫敦同業拆放利率（London Interbank Offered Rate，LIBOR）醜聞；第二個則是在居民關係緊密的小鎮上，出現的幾個嚴重貪汙與「不當銷售」（有些人可能會稱之為「作弊」）的案例。

倫敦同業拆放利率醜聞

LIBOR，是各種主要貨幣在某一段時間中的利率，世界各地許多金融交易都用這個利率當作基準利率。LIBOR在每個銀行營業日的早上會重新計算一次，計算前會有數間「成員銀行」提供資訊，告知若要在那天向其他銀行短期借貸特定貨幣的話，需支付多少錢，藉此計算出各個貨幣的平均利率。銀行會在上午11點10分提供這些資訊，接著由湯森路透集團（Thomson Reuters）於每天上午11點30分公布利率。為預防操縱，在成員銀行提供的數據中，會忽略四分位數的最高值與最低值，最後的平均利率將會來自中間兩個四分位數的數據。LIBOR是全球交易的重要基準，對於利率微小變動特別敏感的衍生性金融商品來說，更是如此，全球至少有350兆美元的衍生性金融商品和LIBOR有關。LIBOR是在1980年代設立的，設立目的是確保企業借貸的利率，不會低於銀行借貸給彼此的利率。

2012年6月，巴克萊銀行（Barclays Bank）因2005年至2008年間受到銀行本身的衍生性金融商品交易人與其他銀行交易人影響，交出不正確的數據給湯森路透集團，因而遭英國金融服務管理局（Financial Services Authority）以「不當行為」罰款5950萬英鎊。金融服務管理局還發現，巴克萊銀行試圖影響其他銀行要交給LIBOR和「歐元同業拆放利率」（Euro Interbank Offered Rate，EURIBOR，類似倫敦同業拆放利率的數據，差別在於是以歐元為基礎）的美元數據。此外，巴克萊銀行在2007年與2009年的金融危機期間，也為了「避免媒體負面評價，而提供不當的LIBOR數據」。在發給巴克萊銀行的罰款通知中，金融服務管理局大量引用交易人與負責提供每日匯率者之間的電子郵件與對話，證明巴克萊銀行是蓄意想操縱匯率。舉例來說，「2008年10月8日，一名提交者在電話交談過程中，被問及巴克萊銀行要繳交的LIBOR數據。他回答：『（某經理）之前要我把利率改得比昨天低，這樣才能讓別人以為我們還沒搞砸。』」

在同一個月，巴克萊銀行因上述的「不當」行為，遭美國司法部罰款1.6億美元、遭美國期貨交易委員會罰款2億美元。不過，美國官員講話沒有金融服務管理局那麼拐彎抹角，直指巴克萊銀行的行為是「操縱」。巴克萊銀行董事長菲利普．艾吉亞斯（Philip Agius）與總裁鮑伯．戴蒙德（Bob Diamond）毫不遲疑地辭職了。從2007年至2008年的金融危機開始，銀行就一直是狩獵季節中的獵物，全球媒體則陷入狂歡之中。

在我撰寫此文同時，全世界至少有十幾個監管機構，正在調查那些提供數據給LIBOR的成員銀行，是否有任何違法行為。很顯然，不懷好意的不只是巴克萊銀行而已，因此在2012年12月看到下列新聞時，也不必感到意外。

瑞士的瑞銀集團（UBS）因涉及LIBOR醜聞，遭美國司法部與期貨交易委員會罰款12億美元、遭瑞士監管機構罰款6000萬瑞士法郎、遭英國金融服務管理局罰款1.6億英鎊。監管機構找到2000多份紀錄，顯示瑞銀集團員工在2005年至2010年間用令人難以置信的魯莽傲慢態度，共謀操控LIBOR利率。他們清楚知道自己的電話內容會被錄音，也知道電子郵件會被保存，卻依然多次公開討論不當行為。就連黑手黨都使用暗號對話了，這些員工竟如此光明正大！另監管機構也發現，涉入此案的不只是銀行而已，還包括證券商間的交易機構（interbroker dealers，也就是銀行與銀行的中間人）。

2013年，蘇格蘭皇家銀行（Royal Bank of Scotland）遭罰款3.9億英鎊，之後很有可能還有其他銀行也會陸續被罰款。美國有許多大公司與市政當局都因銀行操縱LIBOR利率，而被迫在借貸時多付了錢，並因此提出大量訴訟。世界各地監管機構似乎終於準備好要做出一致行動，制止銀行傲慢自大又憤世嫉俗的態度了。更棒的是，這些監管機構可能會針對銀行在利率交換（interest rate swap）方面的大量不當銷售，採取進一步的行動。

在你讀到這裡時，LIBOR醜聞已經變成歷史事件了，有些銀行家甚至可能已經被送進監獄。但銀行依然存在，我們不能沒有銀行。無論設立多少規定，在銀行看見機會時，政府都不可能徹底防止銀行，做出金融服務管理局極保守地描述為「不適當」的舉動。

阿拉巴馬州傑佛遜郡詐欺案

1996年，在美國環境保護署與其他局處提出訴訟後，法院判定阿拉巴馬州人口最多的傑佛遜郡（Jefferson County），必須翻新並擴張郡內的下水道系統，防止汙水溢出並流入其他數條河流中。傑佛遜郡因此展開募集資金，在1997年至2002年底發行了支付固定利率的一系列權證（warrant，一種債券）。不過，有些評論家抱怨政府在執行此計畫時野心太過龐大。一開始政府預估的下水道計畫成本，大約落在2.5億美元左右，而傑佛遜郡最後背負的債務卻遠比這金額多上數倍。下水道計畫就像許多公共建設一樣，由於供應商想從這個利潤豐厚的計畫中謀取利益，導致計畫成本不斷增加。當時負責處理多數固定利率權證的，是在雷蒙詹姆斯金融公司（Raymond James）工作的查爾斯・萊科伊（Charles LeCroy）。接著，萊科伊在2002年轉至投資銀行摩根大通（JPMorgan Chase）的地區辦公室工作，把許多當地顧客也一起帶過去了。

萊科伊和當地的企管顧問威廉・布朗特（William Blount）談好一筆交易，要說服傑佛遜郡為下水道計畫的貸款再次融資。2002年底至2003年底，傑佛遜郡以不同的匯率發行三種新的債券，募集了約30億美元——這比原本預估支出的2.5億美元還要多出十幾倍——而這份債券是由摩根大通負責安排與包銷的。這些安排帶來的影響，使傑佛遜郡的債券利率，從合理又可預測的穩定利率，變成算不上太合理且風險大得多的浮動利率。浮動利率的好處是，短期內的低利率會讓支出較低；但這個好處只是未定數，利率也有可能在未來大幅上升。此外，浮動利率也會產生數百萬美元的手續費，收取這些費用的不只是摩根大通和威廉・布朗特的公司布朗特派瑞希（Blount Parrish），還有許多和傑佛遜郡委員會有關係的當地機構。

更糟的還在後頭：傑佛遜郡在同一時期簽訂多張「利率交換合約」（interest rate swap agreements），總金額達56億美元，多數合約都是和摩根大通簽訂的。利率交換是一種金融衍生合約，簽約雙方同意在一定期間，彼此交換特定金額的利息所得。傑佛遜郡進行利率交換，本來應該是為了要「固定」剛發行的浮動利率債券所帶來的利息所得。利率交換就像再融資債券一樣，在交易過程中都必須支付大筆手續費給摩根大通和布朗特派瑞希公司，而檢方在起訴摩根大通與其他公司的其中一起案件中指出，「郡政府為這些交易支付的手續費與利率，被人為膨脹了數百萬美元，部分原因在於摩根大通計畫要牢牢抓住郡政府的各種生意，包括這些被告公司彼此支付或收受的賄賂、佣金回扣與財物。」根據估計，傑佛遜郡在利率交換交易中被溢收的金額，高達1億美元。

證交會於2009年，針對萊科伊與另一位摩根大通主管道格拉斯・麥克法登（Douglas McFaddin）提起另一次訴訟，指控萊科伊曾在2002年初，和摩根大通的主管一起提議賄賂兩間當地小型股票經紀公司，好影響傑佛遜郡委員會把下水道債券的買賣，交給摩根大通負責。萊科伊指出這樣的費用很便宜：每筆交易5000至2.5萬美元，而他的其中一位主管對這個提議給出正面回應。根據證交會的資料顯示，他們執行這項推銷計畫的過程中，有更多當地人收到這些報酬，總金額達數百萬美元。2002年中，萊科伊與麥克法登把目標放在兩名郡政府委員會成員身上，這兩人都因沒有獲得續任資格，所以即將在11月離開委員會，於是希望能讓兩間當地小型股票經紀公司獲得從摩根大通收到的賄賂。起訴過程中，其中一項證物是萊科伊和麥克法登之間的一段對話錄音，這兩位主管正在討論要如何重新改寫其中一間股票經紀公司的發票，藉此「隱瞞這間公司其實沒有參與交易」。

2002年11月，威廉・布朗特的老友賴瑞・蘭佛德（Larry

Langford）成為傑佛遜郡委員會主席。當時，布朗特的公司和高盛集團（Goldman Sachs）簽訂顧問合約，因此他不斷勸說蘭佛德不要和摩根大通進行利率交換，改找高盛集團。布朗特替蘭佛德安排貸款和現金報酬，還買了昂貴的名牌服裝，藉此讓布朗特派瑞希公司也能在債券與交換利率的交易中分一杯羹。不過萊科伊和麥克法登與蘭佛德協商，支付數百萬美元給高盛集團，要他們別插手這些交易——布朗特派瑞希公司則收到摩根大通支付的250萬美元利潤。這些支出都被隱藏起來了。以支付給高盛的賄賂為例，摩根大通假造一張虛構的利率交換合約來轉移這些錢。從那時開始，每次傑佛遜郡和摩根大通交易債券或利率交換，蘭佛德和布朗特都會收到豐厚款項，同樣收到錢的還有其他委員會成員、相關組織與幾間華爾街的公司。

賄賂的名單可以源源不絕一直列下去。這些名單駭人聽聞，卻不應因此忘記更令人怒火中燒的事：傑佛遜郡透過發行債券借到30億美元，又在毫無必要的情況下因遊說而接受風險非常高的利率交換。這些當地官員和生意人的無比貪婪及摩根大通的無情態度，使傑佛遜郡變成負債累累的人質，這些債款終將帶來大麻煩。

與此同時，下水道管線工程端的問題也正在醞釀。一份2003年的工程報告指出，此計畫出現嚴重浪費情事，又缺乏協調性，預估郡政府的相關部門間，有高達1億美元的「帳目不一致」。2005年，聯邦調查局（Federal Bureau of Investigation，FBI）起訴了21名郡政府官員、委員會成員與承包商。他們犯下的罪名大多是賄賂，因而遭判處高額罰款與短期徒刑。2006年，證交會開始調查傑佛遜郡的債券與利率交換交易。

接著就發生了2007年的美國房市崩盤。2008年初，傑佛遜郡的保險公司被降低評級，迫使利率升高；而傑佛遜郡本身的信用評級也被標準普爾公司（Standard & Poor's）降到垃圾債券等級。這一連串事件違反了利率交換合約條款，因此郡政府必須從原本談好的40年支付8億美元的利息，變成只有短短4年。承銷銀行則被迫承擔尚未賣出的債券，因此承受更大的損失。2009年，傑佛遜郡的債務支出從去年的5300萬美元上升到6.36億美元。利率交換本身也出了問題。摩根大通以LIBOR為基準支付低利率給郡政府，但郡政府卻必須用高出許多的利率支付利息給債券持有人。於是傑佛遜郡開始拖欠需支付的金額。

賴瑞．蘭佛德2007年出線成為市長，2009年就因為在下水道工程的融資計畫中收受20萬美元以上的賄賂而被定罪，判處15年有期徒刑。而使用非法手段進行協調的布朗特，則必須繳交罰金並服4年以上有期徒刑。摩根大通必須支付證交會2500萬美元罰金，歸還5000萬美元給傑佛遜郡，並被迫放棄該公司先前要求郡政府支付的6.47億提前終止費。萊科伊在2004年因為其他與下水道系統無關的事件遭摩根大通開除。在我撰寫本文時，證交會依然在法庭中追究他應該負的責任。

對傑佛遜郡來說，這些懲罰都太微不足道，也太遲了。2011年，傑佛遜郡宣布破產。水費飆漲、郡政府大樓一一關閉，學校的基本基金都用光了——這全都是因為華爾街公司用瘋狂的掠食計畫，騙過當地那幾名不老實的官員。

從嚴防堵銀行業的無節制行為

最頂尖的銀行家手握大權，通常能對政客造成巨大影響。或許，這就是為什麼少有資深銀行家鋃鐺入獄、針對銀行系統的改革為什麼總是慢到幾乎沒有任何效果。

每當有政府試圖改變銀行的經營方式時，銀行總會為了抗拒改變而頑強抵抗。舉例來說，英國有一些大銀行不斷威脅，若政府的改革太過嚴厲，他們就要撤離。歐元區許多歐洲銀行都把大筆款項借貸給錯誤的對象（如希臘政府），只因相信在貸款出問題時，各國政府會為了維持歐元區的正常運轉而出面紓困。這些銀行或許是對的，歐洲政客在追求整合歐盟的浮誇意識形態時，忽略了經濟的真實狀況，成為創造經濟混亂的助力，卻不願面對自身協助創造的經濟局面。

美國也出現些許跡象，顯示政府重新下定決心，要用更嚴厲的方式處理金融機構掠食者的無節制行為。政府有充分理由將大型銀行切分成較小的組織，並區分功利主義的金融功能（如常見的商業銀行業務）與風險更高的行為（如投資金融業務），協助政府保護實體經濟，不受銀行家在金融市場的無節制行為所干擾。但是，若想針對銀行業做出如此深入的重新建構，則需要全球的政府都付出確實的努力，也需要政治力量提供非常廣泛的支持。儘管在2000年代，有大量民眾對銀行家的行為感到憤怒，但政府目前尚未採取任何有力措施，來打擊銀行業荒唐的獎金文化。此種文化已經明顯增加道德風險，政府絕不能接受金融業用「吸引人才」這種藉口，來合理化獎金文化。過多的獎金不但會鼓勵金融專家採取風險過高的行動，也會使他們輕視各種為了使系統穩定而設立的規定。若現況繼續下去的話，可以預期在十年或二十年後，金融業將再次出現重大危機。

Chapter 9

有漏洞的盡職調查

許多人在買房子時吹毛求疵，但選擇金融投資商品時卻變得沒那麼挑剔，這一點道理也沒有。

現今投資人已被有關市場、企業與公司的資訊給淹沒了。就算把人生全都耗費在苦心鑽研這些資料上，也永遠不可能精通所有投資項目。許多投資人在意識到這一點後直接放棄了；有些人則開始進行反覆無常的投資決定，有時甚至互相矛盾；有些則依賴販賣投資商品的投顧公司所說的各種保證。但如今我們已經知道，有太多金融服務公司，都有自身利益優先的動機，我們這些投資人又怎麼可能放心地將他們所說的話照單全收呢？投資人真正需要做的，是**盡一切可能，大量進行盡職調查**。基本上，盡職調查指的是：**獨立驗證某一個投資項目的所有關鍵因素，並考慮所有可能風險**。

讓我舉個例子，來解釋散戶投資人的盡職調查，實際上是怎麼運作的。我一直關注某家提供線上投資管理服務的公司（姑且稱為甲公司），所提供的投資服務。該公司提供的投資，僅限指數股票型基金（Exchange Traded Fund，

ETF）。這是一種相對新型的集合型投資，各家機構在行銷時會強調這是一種管理費用低廉、交易方式公開明確的投資載體、目前的投資人數正逐漸增加。我對ETF略有所聞，但從沒有花時間理解這種基金到底是什麼，以及其實際運作模式。我注意到甲公司，主要是因為該公司強調這種投資非常簡單、費用低廉，又可讓自己能密切關注投資項目，所以我覺得應該要進一步了解ETF。

我的盡職調查就是如此開始的。首先，真的應該要了解金融公司提供給自己的投資項目。甲公司的網站很有幫助，上面列出許多資訊，但網站上絕不會把該知道的內容全都列出。雖然甲公司一開始的廣告沒有標明（我是在倫敦地鐵看到這則廣告的），卻在網站上用不太顯眼的方式，指出只提供「全權委託服務」（discretionary service），也就是說只能大略說出希望的投資目標為何，他們會替投資人決定買賣哪些ETF。全權委託服務本身並不一定有問題，但這種方式確實使投資人失去部分的決定權，因此我立刻記下這項特點，留待日後調查。另外，廣告顯示出，一般人可以在不真正了解全權委託服務背後的意涵與風險下，進行投資（倫敦地鐵的廣告上描繪一名二十多歲女孩，正開心地用筆電管理她的投資組合），這點讓我覺得有些不太舒服。不過這並不代表甲公司就是一家品行有問題的公司，只不過讓我警覺到，該公司的行銷方式對我來說有點太過「消費者導向」。

對，我的確希望投資方法簡單明瞭，但我不需要公司表現出一副對我體貼又呵護備至的樣子。

伯納德・馬多夫提供的服務

接著我開始研讀有關ETF的資料。《金融時報》的一篇文章中，引述一名身為「ETF激烈批評者」的基金經理所說的話：「ETF確實正在透過不當銷售進入零售市場中，人們目前還無法確實了解營運、建構、交易與持有ETF會招致何種風險。」金融服務管理局的一份資料摘要說明了「交易所交易產品」（Exchange Traded Product，ETP）[6]的風險，並解釋：儘管多數ETP都是基金（也就是ETF），但有些ETP的結構卻是「債務證券」（debt securities）[7]——這點也被我記為待確認資料，因為我先前就已注意到甲公司的網站上曾提到會投資原物料，而金融服務管理局則用原物料作為債務證券ETP的範例。

---

6 ETP是一種統稱，和股票一樣可在交易所交易，是一種在交易所追蹤股票、指數或其他金融的工具。常見類型有四種，交易所交易基金（ETF）、交易所交易票據（Exchange Trade Notes，ETN）、交易所交易債券（Exchange Trade Debts，ETD）、交易所交易商品（Exchange Trade Commodity，ETC）。

7 作為公司進行負債融資的工具，而在公司帳目上反映為債務的任何形式之公司證券，如債券、票據等。通常認為債務證券，包括除產權證券或股票之外的任何證券。

之後我注意到瑞銀交易員奎古・阿多布里（Kweku Adoboli）也曾交易過ETF。他在2012年以未授權交易，賠掉瑞銀集團23億美元，並因詐欺遭定罪——這絕對值得我列入清單中，進一步調查。我開始閱讀那些爭論ETF和ETP是不是良好投資項目的文章，這些文章多到永無止盡。我注意到滙豐銀行為了「使投資人有更好的機會理解投資項目，只提供『實物ETF』（physical ETF）[8]」；此外，還有一種投資商品名叫「合成ETF」（synthetic ETF），指的是投資「訂製衍生性金融商品，也就是投資交換合約，藉此獲得相關指數表現或股市表現的報酬」。我很確定，我一點也不想把錢投入合成ETF中，所以我的甲公司調查清單上又多了一個項目。

閱讀幾個小時後，我覺得夠了，於是決定行使身為散戶投資人才能擁有的、其他金融專家都沒有的權利：我要晚點再決定。或許過一陣子後，我會再回過頭來研究這項投資，也或許不會。沒有任何人會像緊盯著金融專家一樣，盯著我不放或問我為何什麼事都不做。我不需要對任何人解釋自己的決定。我決定了「不下決定」，這種感覺實在棒透了。

從我目前學到的知識看來，ETF遠比一開始呈現的表象還要複雜得多。其中特別讓我覺得不滿意的地方是，有些專

8 直接投資一籃子相關股票或債券等。

門追蹤指數的ETF，其實是追蹤特別為該ETF所量身訂製的指數——正如金融服務管理局指出的：「如果編製指數的機構與ETP提供者有關連時，那麼機構很可能會無視投資人的利益，只為最大化ETF的收益表現而挑選構成指數的公司。」金融服務管理局的這份文件是特別為投資顧問準備的，其中針對許多種類的風險問題，羅列出大量且實用的技術性疑問。若我決定要進一步調查的話，可把這些疑問列入我的盡職調查清單中。

我們所做的多數盡職調查，應該會在調查早期，就讓自己決定「別這麼做」或「什麼事都別做」。因此，盡職調查的內容，通常會比一開始以為的還要少得多。只有在找到看起來很不錯、又想投資的項目時，才需要搖身一變，成為追著兔子挖洞的獵犬。沒錯，這種盡職調查需要付出一些時間與精力，但不需付錢雇用厲害的律師或分析師替自己做這些事，所以盡職調查的費用很低廉。而且若原本就不能或不願進行這種分析的人，大概一開始就不會看這本書了吧！

但如果只是稍微不喜歡分析，則可能會提出「要做的事實在太多了」這類合理抱怨，然後寧願找個自己信得過的人幫忙做這些繁雜工作。不過其實，這正是伯納德．馬多夫提供的服務。

依照我們先前描述的盡職調查流程看來，散戶投資人能進行的調查內容，顯然有許多限制。舉例來說，除非正好自己是個專精投資的律師，否則可能沒有足夠知識，能了解所有相關法律議題。又或者除非對選擇權交易有非常透徹的了解，否則可能無法完全理解，馬多夫謊稱用來產生穩定回報的「價差轉換套利策略」是什麼。不過，活躍的財經媒體能帶來的其中一個好處，就是會有許多比自己更了解特定投資議題的人在發表文章。當然，與此同時，也會有許多比自己更不了解某些議題的人發表意見，但你可以在勤加練習後，學會如何過濾掉這些雜音。

從來沒有一年賠錢？

馬多夫醜聞在2008年出現時，眾人都非常訝異，但正如我們稍早讀到的（見第3章），早在2001年，財經媒體上就有兩篇質疑馬多夫的文章了。一篇是交易期刊《馬爾避險》上的文章，標題是〈馬多夫的高投資報酬率，引發質疑聲浪〉；另一篇是《巴倫周刊》上的文章〈別問，別說〉。雖然如今可能沒辦法從網路上找到《馬爾避險》2001年所刊載的文章，但絕對能找到《巴倫周刊》的文章。順帶一提，散戶投資人在挑選要閱讀的文章時，應該要試著越級挑戰——就算沒辦法看懂每一句話，但試著閱讀專業與學術的投資文章向來是件好事，別把自己限制在傾向把事情簡單化的主流媒體中。

那麼讓我們來看看，散戶投資人可從2001年的兩篇文章中，蒐集到哪些有關馬多夫的資料。〈別問，別說〉讓我們知道，馬多夫在華爾街是那斯達克股市中的知名造市商（market maker），在紐約證交所非常活躍。但比較不為人所知的是，他替許多有錢人管理的財富，金額超過60億美元。嗯，馬多夫看起來好像表現得還不賴，但接著重點來了：「除此之外，這些私人帳戶在過去十多年所帶來的平均年複利報酬率是15%。這樣的收益非常驚人，其中有些價值數十億美元、由馬多夫營運的更大型基金，更是從來沒有一年賠過錢。」

從來沒有一年賠錢？十多年來，每年報酬率是15%？退一萬步來說，我們至少需要知道他是如何做到的。這篇文章簡明扼要地描述了馬多夫的「價差轉換套利策略」是如何運作的，接著又告訴我們，有些人推測馬多夫靠著造市商身分，補貼了他的投資基金公司，以此「彌補」投資回報。如果這些推測屬實，就絕不是一件好事。但該文章說，馬多夫的公司否認這種做法，接著又引述許多人的說法，認為「價差轉換套利策略」絕不可能帶來這麼好的報酬。想當然耳，馬多夫回應那些人是錯的。接著，文章繼續討論馬多夫的保密機制，並引述一位從馬多夫的公司撤回資金的投資經理：「他沒辦法解釋為什麼金額在某個特定月分會出現起伏時，我就把資金撤回了。」也許看來我們是沒辦法找出他的投資方法了，但光是這件事就值得成為我們盡職調查清單中的重點項目。這些資訊或許還不足以阻止你投資，但絕對足以攔阻你像馬多夫的部分受害人一樣，把這輩子的身家財產全都賭在他身上。

接下來，讓我們假設你也找到《馬爾避險》刊登的那篇更長、內容更艱深，但主旨非常清楚的文章：許多投資專家都無法理解，馬多夫為什麼可靠著「價差轉換套利策略」，獲得連續十一年的穩定良好報酬。一般來說，報酬的數字應該會出現更多波動（上升與下降）。請留意，這兩篇文章完全沒有暗示過「詐騙」這件事，除非有人被逮捕，否則財經媒體的負責人通常絕不會明白指出有人在「詐騙」。儘管如此，《馬爾避險》的文章依然指出盡職調查的關鍵問題，也就是所有人都搞不清楚馬多夫到底是如何做到的。這個資訊已經足以讓我揮揮衣袖離開了，因為我個人是永遠都不會在謎團中投資，就算這代表我可能會錯過賺得一筆高額利潤也一樣。因為謎團總會讓我聯想到在1720年代的「南海泡沫事件」（South Sea Bubble）中，曾有一間公司邀請眾人進行一場「沒有人知道內容為何，但保證能帶來高額利潤」的投資（最後投資發起人捲款潛逃）。

書呆子哈利·馬可波羅的檢舉

哈利·馬可波羅的外表不起眼，個性有些遲鈍，卻是一名數學高手，也是特許金融分析師。他在2005年寄給證交會的信中，曾表示自己是個衍生性金融商品專家，曾經「在使用與不使用指數的狀況下，運用指數選擇權與個人股票選擇權來管理價差轉換產品。在這個世界上，只有極少數人具有足夠數學能力可管理這種產品，我就是其中之一」。

正如稍早提到的（見第3章），馬可波羅在2000年與2008年間多次聯絡證交會，提供可信證據，指出馬多夫的投資操作方式有問題。開啟這場聖戰的時候，馬可波羅正在波士頓一間小型選擇權交易公司工作。相較於馬多夫這隻大鯨魚，他的公司只是小蝦米。1999年，他的老闆要他試著建構出類似馬多夫理應正在使用的「價差轉換策略」，並用這個方法為公司帶來更多顧客。馬可波羅在2011年的一場電視採訪中指出，第一次瀏覽馬多夫的數據時：「我只看5分鐘就知道了，我當時就說這全都是假造的。」他當時檢視的文件是「博伊希爾全天候基金」（Broyhill All-Weather Fund，投資馬多夫的其中一間餵食基金）提供的行銷傳單，上面描述了馬多夫的投資策略，並列出1993年至2000年3月的每月報酬。

讓我們看看一名專家（馬可波羅），從外部對馬多夫的操作方式進行數小時的初步分析後，可看出什麼端倪。馬可波羅說，由於博伊希爾的文件中描述的策略「就連達到0%的報酬都有問題了」，所以他馬上發現這是一場騙局。他說自己之所以了解這種策略，是因為他曾管理過「有點類似」的選擇權策略。他從經驗中了解到，這種策略不可能如馬多夫提供的數據所顯示，只有那麼少的月分出現虧損。接著，他在博伊希爾的每月試算表中，注意到馬多夫搞不清楚自己到底是把標普500指數（S&P 500）或標普100指數（S&P 100）拿來作為基準（這兩種指數的表現有如天壤之別）。馬可波羅發現馬多夫的業績和標普500指數的關連性非常低（6%），更重要的是馬多夫在八十七個月中只有三個月出現虧損；而在同一時期，標普500指數則在二十八個月中出現虧損。

接下來，馬可波羅從芝加哥期貨交易所（Chicago Board of Trade）取得標普100指數的選擇權交易統計資料。儘管馬多夫時常說自己使用的是標普500指數，但其策略理應吻合標普100指數的交易數量。馬可波羅發現，現存的指數選擇權根本不足以讓馬多夫用博伊希爾數據中聲稱的方式經營選擇權策略。

這種狀況只有兩種可能的解釋。第一，馬多夫正在違法進行「先行交易」，意思是當經紀人收到顧客的大量訂單要在市場中買賣時，先用自己的帳戶進行交易，之後再替顧客下單，藉由這些資訊獲利。馬可波羅進一步用數學模型計算後，發現若用先行交易的方式處理馬多夫手上高達數十億美元的投資組合，的確有可能讓馬多夫賺進高額利潤；若馬多夫把這些違法所得放進客戶投資的基金中，就能解釋為什麼會出現如此驚人的績效表現。這是馬可波羅在2000年至2001年覺得最有可能的解釋。不過隨著馬多夫管理的基金在隨後幾年間不斷成長，顯然再也不能用先行交易解釋馬多夫持續獲得的穩定回報了。然而正如我們先前讀到的（見第3章），證交會的調查小組在這之後的數年間，還是持續採用先行交易的假設進行調查。

馬多夫能獲得高報酬的第二個可能解釋——最後事實證明，這才是真正的解釋——是他其實根本沒有投資。他一手主導一場巨大的龐氏騙局，而假造每月收益只是騙局的一小部分而已。

那麼，當時明明有那麼多大型金融機構，用各種方式把顧客的錢交到馬多夫手上，怎麼會沒有任何人注意到這個問題呢？馬可波羅在2011年的電視採訪中堅決主張這些機構，尤其是那些位於歐洲的機構其實都覺得馬多夫是個騙子。但他們覺得，馬多夫是在利用經紀自營商部門，從客戶那裡偷錢再把錢注入基金中。根據馬可波羅的描述，這些機構沒有在可以提出問題時、應該提出問題時提問，是因為他們擔心，若發現馬多夫出問題後，還繼續把顧客送到馬多夫手上的話，自己也會受牽連。為什麼這些機構還想繼續把顧客送到馬多夫那裡呢？馬可波羅說，那是因為只要機構為馬多夫帶來生意，馬多夫就會支付異常豐厚的手續費，而他們不想失去這些錢。

關於基金與組合型基金

據稱馬多夫的許多被害者都是透過餵食基金進行投資的，並且沒有注意到自己的錢最後是由馬多夫管理。這些基金的大問題在於**缺乏透明度**，而這正是盡職調查過程中的汙點。但餵食基金和組合型基金（只投資其他基金的基金）的另一個問題，則是增加了額外的手續費。許多案例中，手續費的支出將會抵銷投資時能賺到的利潤，也會使整體收益大幅下降。正如第6章提到的，我們有理由懷疑基金經理人並沒有推出真正有價值的投資，因為這些基金的表現都沒有比作為判斷基準的指數要好。由此可知，以較低的手續費投資真正的指數型基金，長期來看比較有可能獲得良好報酬（不幸的是，如今有許多指數型基金並不真的像在追蹤指數）。

英國分析師泰瑞．史密斯（Terry Smith）在1990年出版一本名為《成長會計》（*Accounting for Growth*）的傑作，揭露當時許多快速成長的公司，使用的各種不實會計手段。史密斯在近年做了一項有趣的分析研究：若巴菲特把他的公司波克夏·海瑟威（Berkshire Hathaway）當作基金來運作，並採用避險基金的收費方式，而非必須和眾人共同分享利潤，投資人會面臨什麼狀況。在最近幾年，巴菲特的投資報酬如他所預期的逐漸趨緩，原因在於波克夏公司如今已經大到很難有真正能對年收益造成重大影響的投資項目。儘管如此，大家都知道巴菲特的長期投資表現依然非常出色。在1965年至2009年間，若一開始在巴菲特的公司投資1000美元，最後這筆錢的帳面數字將會增長成480萬美元（若想知道這筆錢在1965年應該是多少的話，必須對數字做通膨調整，但就算調整過後，這樣的報酬數字還是非常優異）。史密斯說：「如果巴菲特把公司設成避險基金，每年收取基金金額的2%為手續費，接著又收取增長金額的20%的話。在這480萬美元中，將會有440萬美元屬於他這名經理人；只有40萬美元屬於身為投資人的你。」這就是如果你的避險基金經理表現得和巴菲特一樣好的時候，會得到的結果。但相信我，他們不可能和巴菲特一樣好的。

對投資人來說，由於任何費用都會降低收益，所以任何費用都是件壞事。有時候那些費用是無法避免的，舉例來說，你不可能在買賣股票時不付手續費——但基金收取的費用，是絕對可以避免的費用，而唯一要做的就是別投資基金！若投資的是指數追蹤型的基金，那的確需要付手續費，但此種基金的「總開支比例」（total expense ratio，TER，可計算投資人的總費用比例，其中也包含所有手續費）可低至0.27%。這個數字大約只是1%的四分之一多一點，多數人都可以接受這個數字。沒錯，指數追蹤型基金當然不可能超越指數，而某些炙手可熱的投資經理人可以偶爾繳出超越指數的績效，但只有極少數（例如出類拔萃的巴菲特）能連續數十年都有這種卓絕群倫的表現。遺憾的是，波克夏公司現在的規模太大了，想要靠投資它獲得卓越回報，或許已經太遲了。此外，等到巴菲特退休或逝世後，不太可能有繼任者能企及他長期以來的成就。

盡職調查還有另一個必須注意的重點：請記得，**身為投資人的你會花上一輩子的時間投資，但基金與基金經理人總是來來去去**。若他們能因為短期表現良好獲得獎金，又可以每年拿走你的一部分資產，這種投資模式就具有道德風險。

永遠都要重視盡職調查

絕不能用別人花言巧語的承諾，來替代該盡可能執行的盡職調查。舉例來說，如果要買一間房子，你會大費周章地尋找能靠自己找到的所有資料，也會付錢給專家（如律師和房產鑑定員）來進行一些你做不到的深入檢查。雖然有些人會不明智地選擇偷工減料（如拒絕花錢進行徹底的結構調查），但多數人都知道，這麼做只是表面上省錢而已。理智的人還會找自己信得過的建築師來看房子，幫助他們釐清之後可能需要做哪些翻新或加蓋；他們會到附近走走，詢問當地人的看法；他們會在一天的不同時間點，到房子附近確認交通情形和噪音程度等情況；他們會比較價格，研究附近的土地規畫問題。簡言之，人們通常在買房子時會非常、非常挑剔，不只因為不想要用高價買到爛房子，也是因為真心希望能了解自己將要交易的物件。這，就是盡職調查！**許多人在買房子時吹毛求疵，但選擇金融投資商品時卻變得沒那麼挑剔，這一點道理也沒有。**

盡職調查的重點不只是找出可能的詐欺行為，同時也應該藉此適當了解自己的投資項目。舉例來說，某些ETF可能是適合你的，但如果不了解ETF的運作方式，有可能會在毫無防備的狀況下，遇上原本可避開的可怕情境。所以，請一定要了解自己將要購買的商品。

讓我們繼續採用買房子的比喻：你不可能只因為律師或房產鑑定員叫你買這間房子，就買下去了，對吧？那麼當金融顧問或銷售員要你買某個投資商品時，你也沒理由只聽信他們的話就買下去了，不是嗎？當然，還是有些老牌的顧問和經紀人，很清楚自己在推薦的商品，但我們遇到的多數人都只是經過良好訓練的懶人而已。他們跟著法規走，對你我的情況與風險偏好進行「事實調查」，接著再推薦投資產品給我們。儘管那些商品表面上看似為自己量身打造，但事實

Part 4

如何避免受騙？

Chapter 10

都叫基金，但長相不同

在詐騙的歷史中，我們一次又一次地看到，各種市場上的專家在仔細且敏銳地檢視了某個詐欺犯後，直接掉頭就走。這就是投資人的超級王牌。

在英國販售的單位信託基金（Unit Trust）[1]與信託基金（Investment Trust），都沒有發生過詐騙情事。以單位信託基金與投資基金協會（Association of Unit Trusts and Investment Funds）的紀錄為例，沒有任何投資人曾因為被詐騙，而在英國的單位信託基金中賠過錢，這是因為長期以來的嚴峻法規所帶來的良好影響。單位信託基金受到的控制尤其嚴格，投資非掛牌股票的金額及持有投資項目的數量都受到控管，通常還會被禁止借貸或在市場中「做空」。這些規定不只是為了讓單位信託基金難以執行詐騙，也是為了降低市場中突然出現大量虧損風險。

當詐騙案件真的發生時，執行詐騙的通常都是第三方，

1　也就是共同基金，大眾集資交給基金公司，由專業經理人管理投資此筆資金，而收益與風險由投資人共同分擔。

最常見的是名叫「電話交易所」（boiler room）的詐騙銷售組織。他們會在其他金融法規寬鬆的國家設立辦公室，從那裡進行詐騙。一旦找到有可能上當的目標，他們可以表現得非常具說服力。每年都有數百名投資人拿出大筆錢財買進股票，最後才發現這些股票根本一文不值。有時電話交易所會謊稱自己在賣的商品，是登記在英國的某間基金公司，但其實根本沒有這間公司。電話交易所通常會替販賣的基金取一個和英國基金很像的名字，並把基金公司登記在海外。以我個人來說，我不太同情電話交易所的詐騙受害者，畢竟想避開這種詐騙實在太容易了。

我每年都會接到好幾通電話交易所銷售員打來的電話。這種電話通常會在連續數周內打來好幾次，我都會耐心聽完他們的宣傳。銷售員總是精力充沛，很積極地想說服我投資，但他們提供的投資項目總是有些很明顯的問題：他們會樂觀宣稱投資人有可能會得到紅利，但這些紅利很明顯地違反金融服務管理局的規定；他們會假裝至今只有高級投資者可以交易這些投資項目，而這是我唯一能加入的機會；他們會講述許多精心安排又不太合乎情理的故事，解釋公司為什麼沒有登記在英國；他們不願意提供可驗證的資訊；他們在解釋這些投資為什麼會成功時，簡直就像在侮辱我的智商。而其中最重要的一點，是他們不請自來地打了這通電話給我（或者你，而他們會努力讓人忘記這一點）。除非提出要求，否則沒有任何正常的專家會打電話要我們進行任何投資。所以，**當接到這種主動打來推銷投資商品的電話時，請直接掛掉**。

除了這些完全不能怪罪在基金公司頭上的「電話交易所詐騙」，投資登記在英國的基金公司時則大可放心，因為受騙的可能性非常低，不過並不代表這些基金是優良的投資項目。許多研究證據一面倒地指出，大多數基金的表現，都無法長期勝過用來測量基金表現的股市指數。這種狀況，與「基金經理人比你更擅長選擇投資項目，可以表現得比市場更好」的基金投資前提相互矛盾。統計證據顯示，多數基金管理人無法長期持續表現得比市場好。隨著越來越多人得知這項訊息，就開始有越來越多錢流入「指數型基金」裡。這種基金會以非常低廉的手續費替你自動追蹤特定指數（例如富時100）的表現。對於手中的基金投資表現感到沮喪，又不想自己進行微觀管理的投資人，很容易受到指數追蹤型基金的吸引。

避險基金

近年來有一種新型基金的表現非常引人注目：避險基金。避險基金和傳統基金不同，投資時幾乎完全不受法規限制，因此可做出風險更高的投資決定。當一切條件相同時，較高的風險有可能帶來較高的報酬，因此投資人會預期成功時能獲得高報酬；不過，較高的風險意味著也有可能帶來較高的損失，因此投資人會預期失敗時，會導致異常嚴重的虧損。換句話說，冒更高風險就表示更高的波動性，因此高風險的避險基金帶來的報酬，通常也具有較高的波動性（也就是說，相較於低風險策略，避險基金的利潤與虧損都高得多）。

一般認為，史上第一家避險基金公司是由《財星》雜誌（*Fortune*）記者阿弗雷德·溫斯洛·瓊斯（Alfred Winslow Jones）在1949年成立的。瓊斯募集了10萬美元來進行投資合夥生意，試著用「避險」（hedging）來賺錢（這裡的避險，指的是購買他認為會上漲的股票，做空他認為會下跌的股票）。瓊斯的基金公司和現今多數避險基金公司一樣，會向投資人收取利潤金額的20%作為投資績效手續費，並限制撤回投資條件，包括「禁售期」（lock-up period）與「撤回前必須先行通知」。常有人反對避險基金經理人在投資項目賺錢時可以分紅，但賠錢時卻不需承擔風險。不過，避險基金經理人往往也會把自己的錢大量投資在避險基金中，藉此促進基金有更好的表現。瓊斯的基金還有另一個特點和現今的避險基金相近：他的基金也同樣是特別設計來吸引老練又了解風險的有錢人投資。他會私下與這些投資人接觸，不會公開宣傳自己的公司，也因此能避開絕大多數的法規要求。

瓊斯的基金表現良好，在1949年至1968年間，他的基金繳出500%的績效表現，引起許多有錢人的興趣，其中有不少人是金融業的資深主管。1960年代，有越來越多人設立避險基金公司，其中也包括由著名投資人喬治·索羅斯與吉姆·羅傑斯共同經營的那間優秀避險基金公司：量子基金（Quantum Fund）。但也有許多公司不再使用瓊斯的「避險」策略，改為透過高額貸款追求各種不同的目標（因此潛在風險與收益也都增加了）。避險基金在市場條件不佳的1970年代幾乎徹底消失，但到了法規鬆綁的1980年代再次復甦。而喬治·索羅斯也就是在此時期讓量子基金變得知名：該集團最有名的舉動是迫使英國退出歐盟的匯率機制（Exchange Rate Mechanism）。在1980年代至1990年代的特殊狀態下，人們認為避險基金公司——當時只有大約150家——對世界市場非常有幫助，因為他們會猛烈攻擊所有市場效率不佳的事物（例如政府制訂的政策），並予以利用直到這些事物消失為止。人們認為避險基金能保護那些知道自己在做什麼的市場內部人士。此外，有鑑於避險基金賺的通常不是一般大眾的錢，所以沒有人認為其不透明化與缺乏管控，是嚴重問題。

接著到了1990年代，一間規模龐大的避險基金公司：長期資本管理公司（Long Term Capital Management，LTCM），決定要利用諾貝爾得主經濟學家們設計出來的投資公式來謀利。他們使用的技術包括買多和放空各種不同市場與不同資產，他們的目標也包括廣泛應用的各種衍生性金融商品。然而，LTCM大部分投資交易的其實是全球各國政府的債券，賭的是不同國家的匯率差異將會逐漸縮小。在1994年至1998年間，LTCM的年收益率超過了40%。1998年，俄國政府債券違約，使LTCM損失大約60億美元。LTCM持續虧損，沒多久後，公司的財務槓桿——當時的暴險額（exposure）高達1兆美元——高到對全球金融系統造成威脅。美國各家銀行在政府的要求下，插手進行紓困，盡量縮小LTCM的虧損，並同時緩緩地處理掉各種錯綜複雜的交易合約。雖然當時有許多自由市場的擁護者對此大加撻伐（根據自由市場的路線，應該要讓瀕臨破產的組織就此終結），但LTCM破產的話，很有可能會引發極嚴重的危機。如今看來，美國政府當時採取行動很可能是正確的選擇。

因此到了1990年代，大型避險基金公司的龐大資金、對高額債款的渴望，以及極具侵略性又常冒高風險的投資風格，開始令人們感到憂心。更火上加油的是，許多避險基金都頻繁使用衍生性金融商品，以至於沒有人能評估這些公司對市場穩定性具有多高的潛在風險。接著，避險基金公司在客戶需求的驅動下改變了方向，逐漸轉向更大的市場，遠離數量不多、極為富有又精於投資的那些人。在2000至2011年間，避險基金公司的數量出現爆炸式的增加（從全球大約

400間增加到將近10000間），這些公司管理的錢也同樣急遽增多（從10億美元變成接近20億，2007年曾達到25億美元的高峰）。雖然避險基金的客群並不是最弱勢的投資人，但大量增加的公司數量確實使更多投資人得以接觸避險基金。儘管這些投資人可能家境富有，不過有些人的投資技巧還不夠老練，並不知道投資避險基金代表什麼意義。新一代的避險基金同時吸引了機構投資人的投資，其中也包括其他基金公司。

寬鬆的避險基金法規

從投資經理人的觀點來看，現在創立避險基金公司是一件充滿吸引力的事。身為避險基金經理人，只要賺進利潤，就可分得20％的紅利。而且現在的避險基金還要收取2％的管理費用，和瓊斯一開始設立的已經不一樣了。投資人可以設立撤資鎖定期（通常是一年），接著只允許投資人在特定日期撤資。如此一來，經理人對投資金額的掌控，將比營運單位信託基金等公司更強，基金也就不會因投資人突然撤資而出問題。同時，公司所受到的法規限制，也沒有其他公司那麼嚴格，可在全世界任何一個地點隨心所欲地大量買賣任何類型的投資項目，就算這些都沒有在任何市場上報價，也照樣可以買賣。除此之外，有鑑於經理人對自身能力充滿自信，當然也會非常樂意分出一部分在學習如何交易的過程中所賺到的高額紅利，再投入進基金裡。

或許現在下定論還太早，沒有人知道這種自由會不會使避險基金的現況出問題。避險基金可選擇的投資策略種類簡直多不勝數，其中比較受歡迎的幾個策略，包括股票避險、宏觀法（預期大型事件即將發生時，到不同市場中大量買賣投資商品）、特殊狀況（如併購），以及相對價值法（用複雜的公式，試著找出價格錯誤的金融工具）。有些基金公司會同時使用多種策略；近年的「組合型基金」則是只投資其他避險基金——有些避險基金會設下限制，擁有夠多資金才能投資。對於財力不足以投資的小型投資人而言，組合型基金有不小的吸引力。不過，有鑑於組合型基金必須額外支付更多管理手續費，邏輯上來說，很難提供物有所值的投資商品。

身為英國主要監管機構的金融服務管理局，在一份報告中明確指出該機構已經意識到避險基金會帶來的系統性危害，但又接著表示這些危害並沒有嚴重到需要擔心的程度。英國的避險基金經理會受到金融服務管理局的部分法規限制，但他們管理的避險基金受到的唯一嚴格限制是：不得向大眾行銷。美國避險基金的管制也一樣寬鬆，較小的公司可能不需向證交會登記或提供任何公開報告。當然利用避險基金詐欺也是違法行為，只是在操作個人避險基金管理時如此缺乏透明度，只會使詐欺犯更容易趁虛而入。缺乏投資人保護措施，更是使避險基金對投資人來說是更加危險的。過去有許多詐欺案件都和避險基金有關，由於缺乏透明度，相關詐騙方式也是千變萬化，沒有特定的犯案手法，無法歸類出特定的詐騙類別。

與避險基金相關的詐騙案包括：舊金山的一家避險基金公司，利安資本管理（Lion Capital Management）的經理人從一名退休教師手中偷了50多萬美元，這位老師還以為這些錢是拿去投資基金的；一名投資經理人利用自己管理的多個避險基金，執行了3700萬美元的龐氏騙局；還有許多案例是經理人誇大某些特定資產的價值（通常是沒有在任何股市上市的資產），藉此向投資人隱瞞交易虧損的金額。

佰鈺集團避險基金詐騙案

我是個檢定合格的騙子。別相信我說的任何一個字。

——山繆．以色列爾（Samuel Israel），

佰鈺集團創辦人

目前為止，除了伯納德．馬多夫的案件之外，最大的避險基金詐騙案就是佰鈺集團犯下的案子。該集團在2006年倒閉，積欠投資人大約3億美元。佰鈺集團創辦人山繆．以色

列爾是知名的原物料貿易世家後代，但他從華爾街的基層員工做起，在1996年創立了自己的避險公司，就是為了使用他申請專利的電腦程式「向前傳播演算法」（Forward Propagation），提供精確的短期「買進」訊號。

1996年的股市行情正是蒸蒸日上，佰鈺集團這個資本額不到100萬美元的小型避險基金公司，卻虧損了14%的資金。以色列爾和公司的會計丹．馬利諾（Dan Marino）很清楚他們現在出了大問題。如果集團在第一年的帳目就出現虧損，之後很可能會倒閉。

馬利諾想出一個方法。佰鈺集團是由避險基金公司與替公司執行交易的證券經紀商所組成的，如果讓證券經紀商把所有手續費都退回給避險基金公司呢？手續費的總額是虧損金額的兩倍以上。獨立審計公司正大聯合會計師事務所（Grant Thornton）接受了馬利諾的論點，因此佰鈺集團那年帳目上的數字不是虧損，而是穩健地成長。

隔年，佰鈺集團再次使用同樣方法；但到了1998年，虧損金額高到再也無法用這個方法蒙混過去。馬利諾和以色列爾想出全新解決之道：馬利諾設立一間名叫里奇蒙－費菲爾事務所（Richmond-Fairfield）的獨立會計公司，成為佰鈺集團的審計公司，接著只要假造出該年有優良收益的帳目就大功告成了。他們在往後數年繼續沿用這個方法到2005年。一般認為，當時投資在佰鈺集團營運的數間避險基金公司的總金額是4.5億美元。以色列爾的證券經紀商現在又開始向避險基金公司收取手續費了，以色列爾和馬利諾便藉此取得許多投資人的錢財，並大方地把這些錢花在自己身上。依賴這劑止痛藥的以色列爾，似乎逐漸失去對現實的感知，開始把避險基金公司的資金投資到越來越奇怪、越來越高風險的產業中。

2004年，以色列爾轉移1.2億美元到德國，投資到自稱頂級祕密探員的羅伯特．布斯．尼可拉斯（Robert Booth Nichols）所提供的可疑計畫。這是他的最後一搏。4月時，以色列爾和馬利諾延後基金交易，把剩餘的錢全都轉移到他們用來投資各種瘋狂計畫的帳戶中，而羅伯特．布斯．尼可拉斯的交易，正是他們進行的最後一筆投資。

2005年7月，以色列爾和馬利諾寫信給他們的投資人，表示基金公司如今要開始進行停業清算，投資人很快就會收到帳戶結餘。8月時，投資人收到支票，但全都跳票了，接著投資人找證交會介入。一切都結束了。以色列爾被判處20年以上有期徒刑，在保釋期間逃跑、假死失敗，再次被逮捕後又被多判2年刑期。

投資人的超級王牌

避險基金分析師班傑明．德謝（Benjamin

Deschaine），早在1995年初就對佰鈺集團的避險基金做過「盡職調查」。他想知道，該集團的基金會不會讓他的公司的客戶感興趣，卻發現該集團公開承認合作的證券經紀商其實就是集團的關係企業。這並不是個好跡象。德謝曾試著和以色列爾見面，後來也找過馬利諾，但每次都被搪塞過去。他聯絡曾在以色列爾前一家公司工作的幾名員工，他們都說從來都沒聽說過以色列爾這個人（以色列爾言過其實地誇大自己在那間公司的重要性）。德謝接著索取募股說明書，佰鈺集團卻說他們沒有印製那種傳統的銷售文件，而是提供投資人一份調查表。德謝說，他在此時直接放棄調查了，並不是因為懷疑佰鈺集團在進行詐騙，只是覺得事情有些不太對勁而已。

德謝對佰鈺集團的調查很粗淺、表面。如果他覺得這家基金公司有價值，便會繼續進行更詳細的徹底檢視，接著必定會發現嚴重的問題。但是他並沒有那麼做。他的經驗夠豐富，知道在這個時候應該直接把佰鈺集團從名單裡刪除。任何一個準備要付出最少努力的投資人，都能做到他這種程度的明確調查。

在詐騙的歷史中，我們一次又一次地看到，各種市場上的專家在仔細且敏銳地檢視了某個詐欺犯後，直接掉頭就走。這就是投資人的超級王牌——如果不太喜歡這項交易中的某些因素，可以直接放棄，接著去尋找下一個比較喜歡的交易。

佰鈺集團一開始是家誠實的避險基金公司。以平均法則來看，一定會有一些避險基金是賠錢的，而佰鈺集團就是其中之一。原因有可能是運氣不好，也有可能是以色列爾在使用自己的交易程式時下了糟糕的判斷。若不是以色列爾的投資一而再、再而三出現虧損，拿手續費來隱瞞虧損失，或許會是一個有效策略。他們真正發展成犯罪行為，是成立假會計公司並進行假造的獨立審計——這已經是徹底的做假帳。八年中，以色列爾和馬利諾持續向投資人發布消息（其中包括每周一封電子信件），表示公司正穩定賺進收益。似乎沒有任何人檢查過審計單位的狀況，若有哪位盡心盡力的偵探對此進行調查，絕對會發現在某些官方紀錄中，馬利諾被列為里奇蒙－費菲爾事務所的負責人。進一步調查後，更會發現以色列爾曾涉及一連串的訴訟案件。他被定罪的案件，包括酒駕，以及在履歷表上假造工作經歷。當然這些都無法確切證明他的公司其實出了問題，但至少足以讓人懷疑或吃驚。在佰鈺集團的詐騙案中，真正令人訝異的，是有很多家公司都沒有進行適當的盡職調查，而是直接投資，或把客戶資產交給佰鈺集團。

避開避險基金詐騙

避險基金是只受到最低限度法規控管的一種投資公司。照理來說，這種公司接受的投資人，應該只能是有資深的金融投資經驗，並知道自己在冒什麼風險的人。不過隨著避險基金公司的迅速成長，似乎只要有足夠的錢，就有資格成為避險基金公司接受的投資人。一名牛津大學教授和妻子（如今都已逝世）在退休後把錢投資在避險基金上，沒多久後就因為那家基金公司的合法倒閉，失去很大一部分資產。雖然他們有足夠的錢能投資，也是聰明人，但顯然沒有足夠的興趣或知識，能理解自己面臨的是何種風險。也就是說，他們在金融投資方面的經驗，不足以成為避險基金投資人。

英國金融服務管理局認為，由於避險基金產業的法規寬鬆、投資人控制力偏弱、基金經理人能獲得高報酬，所以該產業發生詐騙案的可能性正逐漸增加。

一份金融服務管理局的報告中，特別強調了像佰鈺集團這樣隱瞞虧損的案件，以及通常位於國外的避險基金管理機構必須面對的管轄問題。從報告中可明顯看出，正是「避險基金缺乏透明度」這項特質，使經理人得以提供假資訊給投資人，謊報基金的價值。

雖然多數避險基金經理人可能是誠實的，但該產業出現詐騙的機率顯然正在增加，缺乏透明度使管理機構更難量化與找出詐騙。對於抱持適當謹慎心態的投資人來說，避險基金的狀況應是令人相當不滿意的。然而，部分避險基金的成功、部分避險基金經理人的出色才能，卻使這種投資項目充滿吸引力（不過整體而言，避險基金業的長期表現其實很普通）。決定要冒險一搏的投資人必須做好準備。相較於投資法規良好的單位信託基金，**投資避險基金必須要花更多精力進行盡職調查**。盡職調查不會讓人獲得百分之百的保護，但在許多狀況下（例如在佰鈺集團的案例中），詐欺犯沒辦法完美掩蓋自己的行跡，我們只要做一些直接了當的調查，就能發現問題。此外，也有一些專業公司願意收些微的手續費來代替我們進行盡職調查。如果你的初步調查發現一些潛在問題，付錢給專業可能會是個值得的選擇。無論如何，至少我們應該要做到下列調查事項：

- 謹慎閱讀募股說明書與投資同意書。
- 檢查基金公司管理的資產是否真實存在。
- 檢查基金資產的保管機構（custodian），是否真的與基金管理人彼此獨立。
- 確認基金公司的審計單位與律師是否值得信賴。尤其要檢查審計單位是否具有獨立性、是否有豐富的審計避險基金經驗，以及審計單位的報告是否只針對特定帳戶。

- 瀏覽監管機構的網站，確認基金與其經理人的相關資訊。
- 確認基金經理人提供的推薦人——如果可以的話，也確認經理人履歷中的每一個項目。他們真的有資格在避險基金公司執行投資策略嗎？
- 謹慎閱讀金融相關的聲明。密切注意流動性不佳的資產與特別資產的評定價值。檢視收益模式——只有極少數月分出現負數，絕對是個危險訊號。
- 盡可能和多位公司內部成員，或公司相關人員談話。

或許，我們正活在對避險基金無比狂熱的時代；或許未來的人回過頭來看，會覺得我們有些愚蠢。但能確定的是，那些提供全套服務來協助設立避險基金的專業公司會告訴你，現在有很多不具資格的人，都覺得成為避險基金經理人是個絕妙好主意。對大多數避險基金來說，經理人的酬勞高到有些不太合理。新的避險基金公司失敗機率很高，據估計，5家新成立的避險基金公司中，大約有1家會在第一年倒閉。2002年至2012年的避險基金，平均總收益只有17%。有些人擔心，經理人可藉著2%的手續費加上20%的紅利中飽私囊。過去十年當中（直至2012年底），廣泛用來當作避險基金表現基準的HFRX指數（HFRX Index），有九年都表現得比標普500指數還差。

這並不代表避險基金的產業未來不會轉型，並帶來更好的結果，畢竟該產業在1980年代與1990年代就曾出現過這種轉變。不過有鑑避險基金缺乏透明度又有較高的詐騙風險，投資人在接觸時應該小心謹慎，決定投資前更務必要做詳盡的盡職調查。

Chapter 11

做假帳：公司帳目的問題

經濟狀況良好時，投資人往往不想太深入探究自己投資的公司是如何獲利的；等到經濟狀況轉差時，又會心急如焚地想知道誰該為他們的虧損負責。

絕大多數人其實並不知道，「會計」沒有一個全球通用的標準。不過，人們目前正在努力，試著讓全球各國都接受並採用「國際財務報告準則」（International Financial Reporting Standards，IFRS）。缺乏通用標準，代表類似的公司若設立在不同國家，就很難比較表現差異。有時，甚至也很難比較同一個國家中類似的公司。舉例來說，若美國人在書上讀到利用分析帳目來挑選比較划算的股票，這方法也只適用於美國。

本章將討論的，是解讀上市公司的帳目時會遇到哪些問題。我會提供一些原則，告訴各位該如何找出值得懷疑的項目。另外，我也會講解兩家天差地別的上市公司：瘋狂艾迪（Crazy Eddie）和安隆，如何在被揭發前做了好幾年假帳。

法律的差異

世界各地的法律，往往對股東權益造成各種差異甚大的影響。多數散戶投資人通常並不樂見這種狀況，儘管倫敦與華爾街的上市公司看起來相差無幾，在多數其他國家卻不是這麼一回事。這種法律的差異，有許多複雜且難以預測的影響。舉例來說，我們或許可以大致理解某家英國公司提供的帳務資料，卻沒有注意到位於巴西等國的子公司，可透過英國所不允許的方式進行投資，因此我們對整個集團的印象，有可能是受到扭曲的。

各國的商業法通常有兩種法源：普通法（common law，在英國與美國較常見）、大陸法（civil law，此法規源自羅馬法，在歐洲較常見）。絕大多數較新的已開發國家，都會從這兩種法源建立自己的商業法，只不過仲裁系統不同。舉例來說，馬來西亞、香港和新加坡對股市的法律規定源自英國法律；南韓與日本源自德國法律；巴西、義大利和土耳其則源自法國法律。這些差異非常重要。大致上來說，英國法律會提供小股東較多的保護；法國法律則常被認為提供最少保護。舉例而言，在法國法律系統中，占少數股份的股東，往往會被限制投票權。

從投資人角度看公司治理

巴菲特常說，他只想投資那些營運時很誠實、雇用正直高階主管的公司，但也常說這種公司並不多，很難找。身為投資人的我們，一天到晚都接收到堆積如山的訊息，告訴我們每家公司經營時都很誠實、比較不同公司之間的差異是輕而易舉的事，但這些並非總是正確的。事實上，就算兩家公司的帳目都很誠實，想要比較兩者也是極其困難的，更何況許多公司提供的帳目就如同本書所說，並非是一本誠實的帳目。

現代上市公司，全都在由準則與法規所構成的漩渦中努力求生，這個漩渦通常被稱為**公司治理**。公司治理包括股市法規、自律準則與其他商業法。理論上來說，良好的公司治理應該會使公司有能力借錢、發行股票並增加股東投資的價值，同時也會在面對所有股東和社會整體時，做出符合倫理標準並負責任的行為。聽起來是個很艱鉅的任務。商業界競爭激烈，每家公司都必須表現得強硬而堅決。身為投資人的我們，可能不太會介意自身投資的公司執行長表現得比對手更強硬、更堅決——他最好還能使法規轉彎，但這樣並不公平，不是嗎？如此說來，在金融危機期間，我們是否應該要為了最微小的違法行為，而吊死每位執行長？是否該利用防止公司賺錢的嚴峻法規，把公司綑綁起來丟進政府官僚主義的一灘死水中？

很顯然地，法規與行動自由之間必須有個平衡點。許多人堅稱這種平衡點在2000年代太過偏向自由，因而導致2007至2008年的金融危機。無論事實為何，我們能確定的是，在經濟蓬勃發展的時代下，公司治理變得比較寬鬆，直到無可避免的泡沫化發生，各種荒誕的失敗案例才會一一浮現，這時社會大眾將開始要求嚴懲與報復。經濟狀況良好時，投資人往往不想太深入探究自己投資的公司是如何獲利的；等到經濟狀況轉差時，又會心急如焚地想知道誰該為他們的虧損負責。

若全球化的長期趨勢沒有改變，將會使公司治理變得比過去都更加重要。中國、印度和其他新興已開發國家的超級企業，都逐漸出現在股票市場上了，如果這些企業不願遵守公司治理的規範，整個股市系統都會受到威脅，並可能對所有人都造成負面影響（同時也不應忽略在英美等國長久以來較穩定的股市中，偶爾發生的大量公司治理醜聞）。如今，大家都同意我們需要更大力地推動更優良的公司治理通用準則。舉例來說，經濟合作暨發展組織（Organisation for Economic Cooperation and Development，OECD）在1999年發布了「OECD公司治理準則」（OECD Principles for Corporate Governance），共有29個成員國接受該準則，值得列出部分細節。

- **透明度**：投資人應該要能獲得公司相關的足夠資訊，以便在了解狀況後做出決定。上市公司應該要公開宣布，並確保所有人都能在同一時間獲得此資訊。
- **財務責任**：公司應該明確指出哪一位內部人員需要負責公司治理，並努力使投資人的利益與資深經理人的利益並不重疊。
- **責任**：公司在哪一個國家進行交易，就應該遵守該國的法律與規範。這點看似理所當然，但請想想看，在非洲或拉丁美洲的貧困國家中，若一間大公司成為主要雇主時會發生什麼事。
- **公平**：投資人，尤其是持股較少的股東或外國股東，應該要受到公平對待。

對局外人而言，這些OECD準則好像都在描述一些理所當然的事。但事實上，公司可以用誠實或不誠實的態度、所處國家使用的法律系統，對這些準則做出截然不同的解讀。不管怎麼說，這些準則都太過籠統了，無法幫助到我們這些小型的散戶投資人。

公司帳目

巴菲特在某次的年度報告中，於帳目這個章節的引言中寫道：「菠菜[2]時間到了！」我們都很清楚應該要謹慎檢查公司帳目，但這是件令人困惑的艱難工作。直接下注並希望股價上漲，相對來說就簡單多了。本章將假設各位對上市公司的帳目基本知識已經有大致了解（原則上，上市公司的帳目和小企業或家庭帳目並沒有太大不同），足以看懂接下來的悲慘故事。如果還不那麼了解的話，市面上到處都能買到與公司帳目相關的好書，我建議應該要在成為投資人之前，先找一本來讀。

好，讓我們開始吧！

首先，正如本章開頭所提到的，知道目前沒有任何全球通用的會計理論，是很重要的。每間公司、企業、國家的會計方法，也都有非常大的差異。對公司來說，這種差異可能非常合理，也不會帶來任何困擾，但投資人卻因此難以理解帳目，更難比較公司或企業間的差異。

對會計來說，他們喜歡使用的通用準則非常合理，卻有可能導致各種棘手問題，使投資人感到困惑。部分準則條列如下。

- **原始成本**（historic cost）：會計師在計算某間公司資產的價值時，喜歡用買下時的成本計算。這是合理的

2 Spinach，指無趣但有益的事物。

決定，因為這麼做可避免主管在記錄資產時，調整成高到嚇人的數字。不過如果公司在1915年用2000英鎊買了一幢辦公大樓，如今價值漲到2500萬英鎊時，該怎麼辦？若這時還用支出成本計算價值，就無法標明這幢大樓的真正價值了。正因為這個理由，所以公司每隔一陣子可重新估價（revaluation）。1960年代與1970年代的「資產剝離者」（asset strippers），會利用原始成本牟取利益。他們先買進資產估價過低的老公司，再賣掉以賺取利益——因此重新估價是有必要的。不過稍後我們就會看到，偶爾也會有人濫用像「按市值計價」（mark-to-market）這種充滿創意的新會計方法，計算出遠比原始成本這種計算方法還要高出非常多的資產價值。

- **重要性**（materiality）：由於獨立審計師（會計師）不可能去計算公司總共用了多少個迴紋針，所以他（她）通常可以決定哪些支出是「重要的」，哪些是「不重要的」。有些比較狡猾的經理人會濫用這一點，有辦法威逼或欺騙審計師時更會這樣做，瘋狂艾迪的案例就是這樣（稍後會提到此案）。
- **穩健性**（Conservatism）：無法確實判斷時，會計師會採用最保守、最穩健的數字，像是預先將虧損算進去。他們常會因此和經理人出現抵觸，因為描述公司利潤時，經理人往往希望盡可能描繪出最美好的景象。此外，投資人時常是自己最糟糕的敵人，會偶爾試圖介入估價，如在股市上漲時，就會有投資人要求公司提供比較樂觀的估價。所以有些會計公司可能會因此變得比較……姑且稱之為「樂觀」吧。優秀的會計師既聰明又出色，但任何自重的騙子，都不會希望自家公司裡的審計師太優秀。

- **實質性**（Substance）：若公司希望某一筆重要交易不要出現在帳本中，倒是有非常多方式可以做到。為什麼會希望不要出現？可能是因為想違法避稅，所以希望降低利潤；又或者正好相反，可能是希望隱藏累積至今的巨大債款，如此一來股價才不會下跌。好的會計師應該要重視交易的「實質」，而非交易的「形式」，防止公司使出上述花招。
- **一致性**（Consistency）：會計師認為公司不應頻繁更改會計方法與規則。偶爾更動或許還能有合理解釋，但常常更動時，這就是危險警示。羅伯特・麥斯威爾（Robert Maxwell）是《鏡報集團》（Mirror Group）在1980年代至1990年代的老闆，最為人所知的事蹟，是時常改變集團旗下某些公司的報告日期，以此騙過審計單位。一致性能協助投資人比較相近的企業，如果某家企業出現改變，投資人必須確保自己了解改變的理由，以及該理由是否合法。

- **現實性**（Realisation）：有智慧的會計師都認為，應該在開立發票時記錄利潤。或者，最好是在收到款項時就記錄利潤。有時候，會計師會同意讓公司在沒有收到全部款項，開發票並記錄利潤時予以進行「負債準備」（provision）[3]。這種調整使公司有機會執行經營上的詐欺。
- **持續經營**（Going concern）：最後，有些會計師認為公司會持續營運，因此認為公司購買的原料之後會變成完成的產品。但如果公司倒閉，當然就不會有產品了。所以「持續經營」概念衍生出的公司價值，將會高於公司破產時獲得的價值。

有些經理人非常正直與誠實，但只有在帳目方面很狡猾，經常試圖利用這些會計準則漏洞為自己謀利。因此，身為公司外部投資人的我們，永遠也無法全然確定自己看到的帳目是不是真的。不過，偶爾也會出現一些殘酷的騙子，存在的唯一目的就是做假帳來欺騙公司外的投資人。雖然這些人比想像得還要更常見，但接下來要檢視的第一家公司，從

3　係指不確定時點或金額之負債，其於下列情況下應予認列：企業因過去事件而負有現時義務（法定義務或推定義務）；很有可能需要流出具經濟效益之資源以清償該義務；及該義務之金額能可靠估計。

一開始的私營公司，到後來成為上市公司，實在是把假帳做得太徹底、完善了，簡直應該獲頒一面詐欺獎牌！

瘋狂艾迪公司

瘋狂艾迪公司成立於1960年代後期，是紐約的電視與電子產品連鎖零售商，經營團隊是來自敘利亞、關係十分緊密的家族。這家公司在紐約最為人所知的，是其充滿侵略性的廣告：「他們的價格太～瘋～～狂～～啦！」

到了1980年代，開始有全國電視節目，用滑稽方式模仿這個廣告。1984年該公司成為上市公司，並在兩年內，股價從4.5美元上漲到37.5美元。值得注意的是，公司大約有一半的股票都是被金融機構買走的。華爾街很喜歡瘋狂艾迪公司，即便本益比高達三十九倍也沒關係，因為華爾街相信這家公司會繼續成長。然而就算只從一般大眾能獲得的資訊來看，瘋狂艾迪公司都有一些值得擔心的地方。

老闆艾迪．安塔（Eddie Antar）雇用許多親戚擔任高階主管。公司沒有自營商店，全都是租來的，其中有些還是向親戚租的。許多生意來往對象都是親戚名下的公司，更借了一些錢給其中幾位親戚與大筆債款給公司員工。除此之外，公司雇用的其中幾位安塔家的親戚，都分配到非常優渥的持股計畫。那麼，投資人為什麼要因此擔心呢？因為這些「初步證據」可以證明，艾迪在經營公司時，有可能把家族利益置於股東利益之上。

1986年，瘋狂艾迪公司宣布將跨足電視家庭購物事業，這個消息使股價在轉眼間上升到40美元。華爾街分析師不斷預測瘋狂艾迪公司未來是大有可為。1986年10月，瘋狂艾迪公司公布了盈利警告（profits warning）[4]。1987年1月，艾迪·安塔辭去執行長職位，股價下跌到10美元。春天時，人們明顯看出公司並沒有在成長。到了5月，艾迪打算用每股7美元價格，買斷瘋狂艾迪公司大部分股票，但另一位手段高超的商人伊萊亞·辛恩（Elias Zinn）卻用更高的價格買走了。辛恩在1987年11月獲得瘋狂艾迪公司，立刻審計該公司的股票，這時他才發現，價值6500萬美元的股票其實並不存在（後來不存在股票的金額上修至8000萬美元）。辛恩立刻公布艾迪·安塔在做假帳。

公司倒閉後，艾迪·安塔躲到以色列。1993年，他被以色列政府引渡回美國，並於1994年因非法經營與詐騙遭處12.5年有期徒刑。雖然後來此判決被推翻了，但他在1997年的審判中，遭處8年有期徒刑，必須支付1.5億美元的罰金。如今，還有多筆相關法律訴訟正在進行中。

4　跟盈利喜訊相對，是上市公司透過證券交易所向投資者發出的警告聲明，警告預測公司的盈利將比上期出現大幅倒退，甚至虧損。

明顯的違法行為，如何演變成詐騙

這個案子最有趣的地方在於細節。檢方發現瘋狂艾迪公司虛構買賣數字、要求員工向審計單位說謊、向供應商借貨物來擴大虛假的存貨量、隱瞞債務並在審計員不知情的情況下更改審計員的紀錄。他們還真是厲害！

接下來，讓我們看看瘋狂艾迪公司是怎麼做到的。老闆艾迪・安塔有名親戚，名叫山姆・安塔（Sam Antar），是公司的財務總監，犯下3項與公司有關的重罪，但因為和政府進行認罪協商，最後沒有被關。近年來他成為政府機關在調查詐欺罪時的顧問，並針對瘋狂艾迪公司當時的各種詐欺手法，做了非常大量的分析，帶給人們非常多知識。當時他們使用的許多方法，是多年來沒人能解決的老問題，而且有些問題其實是很容易查出來的。山姆和其他公司員工隱瞞詐騙的手法能帶來一些實用的知識，讓我們理解某些相對顯而易見的違法行為，是如何演變成複雜的詐騙網路，騙過股市中的數千名投資人。

根據山姆的描述，瘋狂艾迪公司發展時有三個明確的階段：最開始的十年（1969年至1979年），當時還是家族所有的私人公司。這段時間的焦點是為了減少繳稅金額，非法低報利潤與不記錄員工薪水；第二個階段是1980年至1984年，當時安塔家族開始不再低報利潤，創造出公司利潤有驚人成長的假象，準備讓公司股價上升；最後一個階段則是1985年至1987年，公司員工開始高報利潤、隱瞞負債，藉此使公司股價迅速攀升。山姆說，當時他們決定要讓公司上市，是認為上市公司的詐欺能帶來非常高的獲利。上市公司的盈餘增加之後，每股盈餘（earnings per share，EPS）通常也會跟著上升。EPS是非常重要的投資指標。EPS上升時，公司股價往往也會跟著上漲，使持股較多的股東得以用較高價格賣掉股票。

當山姆還是一名年輕會計師時，曾到瘋狂艾迪公司的外部審計單位工作，同時偷偷為瘋狂艾迪公司工作。他這麼做的目的很明確，就是要學會如何從審計單位「討到便宜」。1979年，瘋狂艾迪公司的老闆們盜取了300萬美元的未登記現金收入（也就是所謂的「瞞報」〔skimming〕）。不過在接下來幾年間，為了替公司上市做準備，每年的瞞報都逐漸減少，最後在1984年歸零。在這段期間，減少瞞報讓瘋狂艾迪公司從表面上看來似乎正在成長，但利潤與收入其實一直處於停滯狀態。過去公司為了避免薪資稅，許多員工領的現金薪水都不會登記到帳目上，如今這些錢全都完整地放入帳目中，當然也包括薪資稅。瘋狂艾迪公司解釋，薪水支出會突然出現大幅提升，是因為公司想為了成功的銷售表現而獎勵員工。

1984年9月，瘋狂艾迪公司以每股8美元價格上市。公司內部員工手上留有大量股票，只要股價上升，就可以用更高價格賣掉股份以賺取利潤。山姆說，公司在上市後的三年間，使用各種詐騙方法抬高股價，而安塔家族的多名成員都在這段期間賣掉手上持有的股票，總共賺進9000萬美元。

200 萬滾成 2000 萬

瘋狂艾迪公司是怎麼做到的？為了防止這種詐騙發生，所有股票市場都設立非常詳盡的結構與法規。舉例來說，上市公司必須受獨立審計單位監督，如果沒有找聲譽良好的大型會計公司來審計，很容易會遭受懷疑。

上市時，瘋狂艾迪公司將審計單位換成大型會計公司畢馬威事務所（Peat Marwick Main，也就是如今的安侯建業〔KPMG〕），很多私人公司在上市時都會這麼做。畢馬威事務所就像其他大型公司一樣，在年度審計期，會差遣初階員工去做比較繁重的事務。山姆說，這些初階員工——以及直接管理他們的上級主管——全都不到30歲。他們有辦法使這些人分心，譬如執行一個經過精心設計的暗中破壞計畫，鼓勵瘋狂艾迪公司的員工盡可能友善對待那些審計師，用公司費用招待他們外出用餐。山姆自己則帶比較資深一點的主管，去令人目眩神迷的酒吧。山姆宣稱這個方法能帶來兩種效應：第一，以魅力攻勢使審計師淪陷後，就會認為公司和員工們都既誠實又討人喜歡；第二，這些社交活動可嚴重拖慢審計進度。公司必須每年接受一次審計，每次時長8周。這些審計師的工作效率越低，親自確認的資訊就越少，無條件相信的資訊就越多。

1986年初，公司內部人員想要向社會大眾發行更多股票，並同時賣掉自己手上持有的2000萬美元股票。為達到此目的，公司季度報告中的銷售成長，必須達到或超過華爾街分析師預測的數字。當時分析師預測瘋狂艾迪的「同店銷售額」（same-store sales，開設許久的店家銷售額，而非新開設店家的銷售額）會成長10%。但山姆知道，在他們即將宣布的季度報告中，同店銷售額的成長率只有4%。如果他們希望能成功發售股票，就必須把帳目做得像是成長了10%。因此，安塔家族從祕密的海外帳戶轉回大約200萬美元（這些錢是在私人公司時期累積的少報現金收入），存入瘋狂艾迪公司的帳戶中，把帳目處理得像這些錢來自過去一年的銷售一樣。他們在做這件事時，算不上用心。山姆說，公司甚至沒時間開立假發票來解釋這些海外存款（這些錢是用銀行匯票匯入公司戶頭，每張匯票的金額都是好幾萬美元）。除此之外，這些海外存款全都在同一時間匯入公司戶頭，因此從帳面上看起來，多數同店銷售額都是在會計年度的最後兩天入帳的。這件事非常不合理，審計單位應該要警覺到才對。

山姆指出，他為這件事做了詳細計畫，使初階審計員分心，成功拖慢工作進度，以至於他們沒時間進行太多確認。若有時間的話，應該就會發現這筆匯入公司帳戶中的假收入。股票發行很順利，艾迪．安塔和他父親（名字也叫山姆）賣掉手上的股份。由於瘋狂艾迪公司達到分析師的預測，股價因而不斷上漲。安塔父子在賣掉股份後賺進2430萬美元，超過他們原本預期的2000萬。兩人把違法獲利中的200萬美元拿回公司後，不但順利發行股票、賣掉自己的股票，還賺回更多錢，彌補他們當初投入公司的200萬。

各位可能會想：「這種事在1970和1980年代的紐約是很常見，但現在已經變很少了。如今大部分私人公司和上市公司提供的帳目都很誠實。」如果各位這麼認為，請一定要改變想法。無論公司大小，每家公司做帳時，一直都有很多機會犯下這種嚴重至極的詐欺案件。

接下來，讓我們檢視另一家更大的公司，不但犯下涉及數十億美元的會計詐欺，還導致公司的外部審計單位——當時全球「前五大」會計師事務所，安達信公司——關門大吉。這家公司，就是在天然氣、石油、電力、寬頻通訊與其他原物料的國際金融衍生市場中，占有非常重要角色的全球巨擘：安隆公司。

安隆風暴

我們向來不違法。

——肯尼斯・雷伊，安隆公司執行長

1980年代，安隆執行長肯尼斯・雷伊從在德州開設當地的石油與電力銷售公司開始做起；到了2001年，他已經把這間公司擴展成全美前七大的企業。這間公司的業務很複雜，對許多局外人來說甚至有些神祕。但在2001年初，安隆看起來是家經營非常穩固的公司，債券信用評級是AAA（標普中最頂級的投資評級）。事後看來，安隆在2000年的年度報告其實十分值得關注。在重點財務數據部分，總銷售額是一鳴驚人的1007.89億美元，淨收入則是12.66億美元。過去十年間，標普500指數的總收益率是383%，這數字和安隆的總收益比起來顯得非常渺小，因為同一時期安隆的總收益率是1415%。不過閱讀報告時，可能會因為看到前幾年的銷售數字而感到疑惑——安隆在2000年的銷售額是驚人的1000多億美元、1999年則是400多億美元、1998年是320億美元、1997年是200億美元。怎麼會有公司，能使銷售額出現這麼誇張的成長幅度？

表面上看來，安隆的解釋很有說服力——因為在正確的時間，站在法規剛鬆綁市場（如能源）和嶄新市場（如寬頻）的正確位置上。安隆擁有厚實的策略資產、無人能及的資產流動性與造市能力，以及創新科技，因此可在全球各種批發市場中打敗其他競爭對手。這些市場將在接下來幾年間出現大規模成長，而安隆將會占據更大的區塊。安隆的業務遍及世界各國，包括日本、新加坡、歐洲、澳洲。公司內部有2萬多名員工、38座發電所、裝設在美國的一系列管線、天然氣採集廠、造紙廠、石油探勘公司……簡言之，安隆是一家真的非常、非常巨大的公司，而且還說自己將來會繼續成長。安隆在報告中表示，公司的銷售數字將在2001年加倍成長，將使其成為全球銷售業中最大，或第二大的企業。

雖然當事後諸葛總是很容易，不過在安隆倒閉隔年，也就是2002年，《富比士》雜誌一篇文章指出，就僅雇用2萬名員工的公司來說，安隆的表現有些太過突出了。其他收入規模相當的公司，雇用的員工都比安隆多，花旗集團（Citigroup）有23.8萬名員工；奇異集團（General Electric）有31.2萬名員工；國際商業機器公司（International Business Machines Corporation，IBM）同樣有31.2萬名員工。從另一個角度來看，和安隆雇用相同員工數量的公司，根本無法達到安隆的銷售額，如德士古石油公司（Texaco）的銷售額是500億美元；高盛的銷售額則是330億美元。

相信安隆的人，都因為「新經濟」（New Economy）這個概念而激動。這個概念指的是……老實說，從來沒有人真正了解新經濟指的是什麼，不過提到新經濟時，人們會大量談論商業模式（這四個字常被視為專業術語，指的是：我們完全不知道將來要如何賺錢）、網路的力量、全球化與自由市場的興盛、因為有新方法能評估衍生性金融商品的價值而帶來的機會等。長話短說，新經濟就是當時最流行的東西（請留意，當時是網路泡沫時代）。正如傑夫·史基林（Jeff Skilling）——1990年加入安隆，並在2001年初接下肯尼斯·雷伊職位——常說的，懂的人就是懂，不懂的人就是不懂。但安隆並非不可靠的網路新創公司，而是一間實際規模非常龐大的企業。因此，如果安隆的老闆認為有種東西叫「新經濟」，或許我們應該姑且相信它是有道理的東西吧。

史基林和安隆的其他主管都說安隆是間「少資產公司」（asset-less，這是典型的新經濟術語），因為公司販賣的是「風險仲介」，也就是在交易指定原物料的過程中提供服務，替顧客避免價格波動帶來的風險。然而，安隆根本不是少資產公司。正如先前提到的，安隆擁有大量資產，在過去五年間迅速投資，其中有許多資產並沒有帶來利潤。事實上，安隆的許多投資都賠掉非常多錢，其中包括英國的威塞克斯水務公司（Wessex Water）、一間印度發電廠，和多明尼加共和國一間怪異發電廠（位在飯店旁的平底載貨船上）。

接著在2001年4月，史基林決定找股市分析師與金融記者召開一場電話記者會。在記者會中，避險基金經理理查德・葛魯曼（Richard Grubman），強烈要求史基林提供季度資產負債表，以證明安隆先前宣布的收入數字，史基林因此罵葛魯曼是個「王八蛋」。當時許多媒體報導了這種一點也不像執行長該有的舉動，史基林的行為更成為企業態度傲慢的象徵。或許我們不需要太過嚴厲譴責史基林情緒爆發（他顯然已經注意到葛魯曼正在大規模做空安隆股票），不過無論這個問題是不是有心的，顯然都已經觸碰到史基林的敏感神經，畢竟他很清楚，當時安隆正在隱藏大筆債款。

一步錯，步步錯

那麼這整件事是怎麼發生的？安隆的狀況和瘋狂艾迪公司不一樣，並非打從一開始就預謀利用緊密連結的家族成員，進行長期詐騙。安隆的主管們應該不是在事前就做出完整的計畫，反而比較像是公司在原該獲利的複雜創新事業中逐漸開始出錯，然後一步步陷入無比錯綜複雜的詐騙網絡。1980年代至1990年代，全球政府一一鬆綁公用事業法規，安隆在這時抓住擴張機會，而肯尼斯・雷伊也確實是真正的企業專家，他曾在1970年代擔任美國政府的能源監管人員。但讓安隆在1990年代成為眾多能源與原物料工業公司中的造市商的，是史基林而不是雷伊。

史基林堅稱安隆已經在這些原物料交易中創造出新的交易市場，因而成功說服會計使用「按市值計價」的方法記帳。這種記帳方式非常複雜。簡單來說，就是在安隆剛簽下合約時，就把該合約能帶來的利潤算進總利潤中。在這之前，公司使用的一直都是傳統的原始成本記帳法，只會在確實執行支出與收入時，將數字記到帳目上。安隆交易的衍生性金融商品數量龐大，審計師時常無法在這種狀況下，驗證公司估計的市場價值是否為真。因此，按市值計價法會帶來很大問題。為能估計市場價值，安隆必須對未來需求、未來利率、外來價格變化等條件，做出非常複雜的假設——就算找來真心想算出正確數字的人，也有可能得到錯誤結果。安隆似乎傾向以較樂觀的態度假設這些條件。這很容易理解，因為樂觀的假設，通常能使營收數字更好看。

如果安隆只是使用「按市值計價法」來做帳，或許還值得原諒，但安隆還耍了別的花招，利用法律漏洞，把衍生性金融商品的總銷售價值登記為收入，藉此大幅提高銷售額。安隆的專屬交易平台「安隆線上」（Enron Online）允許其他公司在線上交易能源與原物料，安隆則會在每筆交易完成時，收取小額費用。在記帳時，這種經營方式通常會被列入「代理人」記帳模式，也就是在帳目中記錄該筆小額費用，而非整筆交易的價格——高盛和其他提供交易系統的公司，都是使用這種方法。但由於安隆堅稱擁有或管制那些交易的項目，所以使用「經銷商記帳模式」，記上每筆交易的支出金額與銷售金額。安隆使用這個方法，再次大幅提高銷售額。這種方法當然不會提高利潤的金額，但在新經濟的快節奏世界中，公司的各個層面將會有更好的發展。這個遊戲的重點在於，盡可能在產業中獲得最多的交易額。根據部分報告估計，若安隆沒有採用按市值計價法和經銷商模式記帳，其2000年的收入將會從1007.89億美元，下跌至相對微不足道的63億美元。

後來也有證據顯示，安隆一直透過大量海外公司作為「特殊目的公司」（Special Purpose Entities）來隱藏大量虧損。又為了使營收達到分析師的預測，進行「營收管理」，謊報的營收超過10億美元。安隆利用特殊目的公司來調整帳目上的營收入帳時間點、管理各種資產負債表外活動，目的是避開華爾街那些善於刺探的分析師。

2001年中，史基林賣掉價值3300萬的安隆資產，接著在8月辭職離開。肯尼斯・雷伊試圖向華爾街保證，公司一切運作如常，但股價卻像該年年初一樣開始下跌。分析師開始詢問許多怪異的問題，舉例來說，2月時就有一份來自約翰哈洛公司（John S. Herold Inc.）的報告，針對安隆的獲利能力提出質疑，想知道他們是否能繼續在能源工業中，維持市場領頭企業地位。3月時，《財星》雜誌的一篇文章指出安隆的股價可能太高了。到了10月，安隆開始賣掉部分資產，接著宣布公司因非經常性開銷虧損10億美元。最後，問題終於在11月爆發，安隆承認誇大的收入金額將近6億美元，並且積欠特殊目的公司30億美元。信用評級AAA的安隆債券立刻被徹底降級，證交會也展開正式調查。安隆倒閉了，數千名員工失去工作，也失去他們在員工認股計畫中的積蓄。證交會很快就對安達信公司（安隆的審計單位）提起告訴。這間大型會計事務所的員工最後被定罪，是因為他們為了阻礙司法判決，蓄意把安隆相關文件放進碎紙機中。這件事嚴重損害安達信公司的信譽，使之在2002年繳回會計執照並歇業。在漫長的審判後，傑夫·史基林因為證券詐欺罪，遭判處24年有期徒刑。肯尼斯·雷伊也遭判處相同刑罰，但他在宣判前就因心臟病發死亡。

只是亡羊補牢，遠遠不夠

依照偉大的監管機構總是發生壞事才採取行動的傳統，美國國會在2002年啟用了《沙賓法案》（Sarbanes–Oxley Act）[5]。根據該法案其中一位研究者的敘述：「這法案完全借鑑安隆。政府在主要條文中，逐條列出安隆在公司治理方

5　美國證交會所監管成立的公開公司會計監督委員會（PCAOB）所建立的審計、品質控管會計事務所與會計師的調查與懲戒制度，凡是在美國上市的公司，都必須遵守這項規定。

面出問題的每一個細節。」畢竟發生這麼大的醜聞，政府總該讓民眾覺得他們做了點努力。但由於《沙賓法案》對美國商業造成「阻尼效應」（damping effect）[6]，在近年引起大量批評。更重要的是，《沙賓法案》絲毫沒有預防美國接下來發生的大型詐騙：美國次級房貸。其中的違法行為包括借貸過多錢給錯誤的人，而不是像安隆詐騙案那樣，假裝自己賺的錢比實際上還要多。世界上的公司有數百萬種方式可以欺騙大眾，若政府每次都在遇到危機之後，只是下意識地設立法規來防止前一次危機的話，就不太可能成功預測下一次危機的發生，畢竟新危機的形式往往與舊危機大相逕庭。換句話說，**政府在設立新法規時，常從重大醜聞中學到錯誤的教訓**。

安隆在公司治理方面犯下了重大失誤。該公司可說是當時最炙手可熱的公司。美國一方面對網路與全球化所帶來的無限商業潛力而感到興奮，另一方面又擔心中國會以製造強國的身分崛起。華爾街當時其實有能力察覺，也應該要察覺到異狀：若專業分析師沒辦法真正理解一間公司的帳目，通常不會是什麼好徵兆。但華爾街在往後幾年間，一直認為安隆是家出類拔萃的創新公司，是業界明日之星。儘管我們至今依然無法確實得知，安達信公司當初為什麼會核准安隆那

6　指該行動反而造成阻力，導致事情逆向發展。

些可疑的會計方法，但問題似乎在於他們只遵行法律文字，而非法律精神。此外，這家會計公司也知道只要安靜不出聲，就能獲得獎勵——光是在2001年，該公司就收到2500萬美元的審計費用，與2700萬美元的會計費用。

投資人與帳目

那麼，身為投資人的我們可從這兩件案例學到什麼教訓？有三件事，是顯而易見的。

一、華爾街分析師，時常忽略當紅公司所表現出的各種警訊。身為投資人，不該完全依賴分析師說的話，必須訓練自己擁有批判思考的能力。商業是真實存在的事件，而營運商業的是真實存在的人。在瘋狂艾迪公司的案例中，對散戶投資人來說，想發現公司中的詐騙事件並不容易。不過，山姆·安塔認為無論是誰，只要仔細閱讀公司報告的註腳，就會發現公司內部帳目的管理狀況很糟糕。除此之外，《巴倫周刊》也在瘋狂艾迪公司上市前，刊登一篇質疑的文章。在瘋狂艾迪公司交給證交會的文件中（一般民眾皆可閱讀），很明白地寫出許多家族成員都涉及和公司進行的「關係人交易」，例如：公司提供高額貸款給聖露西亞（St. Lucia）的一間醫學院，而數位家族成員都擁有該校股份。簡言之，只要願意調查，任何人都可找到充足資訊，看出瘋狂艾迪公司的狀況並沒有表面上那麼好。接下來就是那些圍繞安隆公司打轉的華爾街誇張宣傳。我們可以選擇和其他人一樣，相信所謂的「新經濟」將會掃蕩一切，同時不帶來半點傷亡，或者也可以選擇不要相信。安隆最明顯的問題，就是公司在銷售額以快到近乎荒謬的速度成長時，利潤的百分比卻在下降。到了最後，只能憑藉個人判斷，來選擇是否相信安隆提出的解釋：身為局外人是不可能徹底了解公司帳目的——但這件事本身就是一個警訊。這現象帶給我們的教訓是：如果不理解帳目，就不要投資！不要依賴分析師幫你檢查帳目。

二、**公司治理很重要，但只有相關負責人——也就是負責經營公司的主管——真心想要以正確態度執行時，才會有效**。舉例來說，在安隆倒閉前，我們就已經能明顯看出，公司帳目有很長一段時間缺乏透明度了。而安隆在年度報告中提到的各種充滿創意的會計方式（如按市值計價法和特殊目的公司），也應該會使目光銳利的投資人心存懷疑。每間公司都能在不洩漏交易祕密的狀況下，保持帳目透明，只要資深主管有意願，都能使公司帳目變得透明，但安隆的資深主管顯然沒有意願這麼做。在瘋狂艾迪公司的案例中，光是公司缺乏內部控制、充斥大量的關係人交易（這兩件事都是可公開查到的資訊）就應該足以使投資人思考，這家公司的主管是否真的有心要做好公司治理。

三、**投資人不可依賴審計單位的意見**。理論上來說，投資人應該可以這麼做，這就是審計單位存在的目的。但各種歷史事件都證明了，審計單位偶爾會認為大型公司的假帳是真實的帳目。遺憾的是，通常我們無法得知審計單位為何做出這種判斷。瘋狂艾迪公司的規模比安隆小得多，卻還能騙過審計單位，實在令人十分訝異。幸虧有山姆．安塔，讓大眾能確實了解這間公司是如何行騙的（安塔說，有些員工甚至在審計人員盤點貨物時，為了替他們省下麻煩，親自爬上梯子盤點高架上的貨品，接著再喊出高於真實數量的數字）。對散戶投資人來說，審計單位不斷失敗，是很大的問題，因為整個市場系統都依賴準確資訊才能正常運作。但目前我們尚有一線希望，評估一家公司時，除了了解公司帳目外，「三角驗證法」也很重要：將經理人說的話、公司的交易活動、新聞報導，甚至是你和公司員工談話時獲得的資訊，全都拿來交叉驗證。你不用這樣調查股市中的每家公司，只要針對有興趣，且「感覺對了」的公司進行就好。

如果沒有興趣或無法做到這樣的調查，就只能依賴其他人來判斷特定公司是否可信。

但正如前面所提到的，其他人，甚至是專家的意見，都很有可能是錯的。不過這並不代表你就必須完全避免從事金融投資，但或許這表示你應該避免直接投資個別公司，而是

Chapter 12

更穩健的策略

有鑑過去數十年來，全球各地的金融活動正不斷變得越來越複雜，徹底消除詐騙已經變成一種不切實際的想法。

對多數人來說，人生中最糟的狀況大概是一覺醒來後，發現大部分或所有財產都因為詐騙而消失無蹤，且幾乎不可能拿回來。但在本書討論的許多案例中，若被害人一開始能好好遵循公認的投資策略和程序，通常都可以避免或減少遇到嚴重虧損的風險。在本章中，將檢視該如何做到這點。

雖然從很多方面來說，身為投資人必須依賴他人的專業才能進入金融市場投資，但依然必須親自採取一些預防措施。有鑑過去數十年來，全球各地的金融活動正不斷變得越來越複雜，我們不能期待政府或監管機構消除所有詐騙的可能性。徹底消除詐騙已經變成一種不切實際的想法。

我曾讀過一個老故事，大概寫於1920年代。故事描述一名男子怒氣沖天地寫了封信給鐵路公司，抱怨在搭火車旅行時被跳蚤咬了。後來他收到鐵路公司總經理親自寫給他的一封道歉信，保證這種事以前從沒發生過，公司會進行徹底調查。但鐵路公司員工不小心把男子那封寫給鐵路公司的抱怨信，也放進回覆信封。在那封抱怨信的頂端，總經理用潦草字跡寫道：「回覆這封信。」（而不是調查這件事）。如今在全球各地，尤其是美國，很多人認為在面對失控並嚴重損害全球經濟的企業時，政府機關就是在做那名總經理做的事。但是，監管機構的影響力是否真比以前更小了呢？在馬多夫案的國會聽證會上，參議員查爾斯．舒默（Charles Schumer）指出：「我在1980年進入國會時，證交會是政府機構中層級最高的組織之一。唉，現在簡直每況愈下！」我覺得他說的沒錯。以1980年代為例，當時美國證交會最知名的作為，就是以過度凶悍的態度打擊金融不法行動。英國的狀況則有些不同，舉例來說，住在倫敦金融城的人，常把負責防止公司主管進行詐欺的工業貿易署（Department of Trade and Industry），稱為「膽怯不作為署」（Department of Timidity and Inaction）。

不過從監管機構的角度來看，金融市場的急速發展，使他們現在必須應付的對手比以前多上許多。美國證交會表示，每天都有數百封信件告發金融公司做出的不法行為，他們都快被淹沒了。英國金融服務管理局顯然分身乏術，他們努力試著管理所有會影響大眾的金融活動，同時又要試著打擊那些掌握大量資源卻絲毫不願配合的大型公司。在倫敦金融城工作的人私底下常說，「符合規定」這件事根本就只是個笑話（那些理應負責監督金融公司的監察人員，竟被金融公司雇用）。不過從某方面來說，這也是可理解的。在變動速度極快又毫無道德標準的市場環境中，你會聽誰的？怒吼著要你賺更多錢的老闆，還是入口大廳的監視器？監管者與獲利者間的互動，就像看門人和盜獵者一樣。這是自然而然發展出來的情況，永遠都不會改變，身為投資人的我們必須認清這點。雖然我們必須善用監管機構提供的所有服務與保護措施（持平地說，監管機構確實提供許多有用服務），但同時也必須記得，監管機構只不過是人民公僕——如果你想親眼看看他們的樣子，可在有線－衛星公共事務網（C-SPAN），觀看證交會在國會聽證會上作證的影片，時間長達數小時。有線－衛星公共事務網是美國一個非常傑出的非營利公共服務網路平台，上面提供許多證交會作證影片和類似性質的資源，這些影片全都沒有經過修剪（網址：www.c-span.org）。

對抗詐騙的第一道防線

如果你找到覺得適合自己的投資項目，可能會很想把所有錢投入其中，之後就不再擔心這件事，然後繼續過你的人生。但這麼做並不明智，因為這項投資如果出於任何原因使你賠錢的話，你將失去一切。我們不斷在投資醜聞中聽說，有些人因為單一投資項目而「失去畢生積蓄」。有時候，這只是記者的誇飾修辭。以影星凱文・貝肯（Kevin Bacon）為例，有新聞報導指出他在馬多夫騙局中失去一切，但他後來出面澄清，自己只是失去絕大多數的金融資產，手上還有房子等其他種類的資產。因此，這裡必須釐清「畢生積蓄」代表的，是所有現金與存款；還是所有金融資產？又或者是工作了一輩子所賺來的所有資產淨值，其中也包括房子與退休金？

人們口中說的「畢生積蓄」，指的通常是他們能直接控制的金融資產，並不包含房地產與退休金等有價資產。所以，如果住在一幢價值100萬英鎊的房子裡，並因被詐騙而損失10萬英鎊，導致手上連半毛現金都沒有，顯然也好過某個「賣掉價值100萬的房子，然後把110萬的所有資產全都投入單一投資項目，並因此破產」的人。此外，還有其他需考慮的因素。如果你在20歲時失去一切，還有很長的時間可以賺進更多錢；如果你已經垂垂老矣或病入膏肓，可能就很難逃離貧困的下場。

根據2009年的一篇報導，退休英國少校威廉・福克斯頓（William Foxton）——曾獲頒大英帝國官佐勳章，並在服役時失去一隻手臂——把「畢生積蓄」都投資在兩家避險基金公司，而那兩家公司又把錢投資在馬多夫的公司，福克斯頓上校也因此賠掉畢生積蓄，並在之後飲彈自盡。報導中並沒揭露這齣悲劇事件的細節（我們也沒必要窺探這些隱私），不過或許我們心中是希望福克斯頓上校還擁有一幢房子、能定期收到退休金，並未因馬多夫而賠掉這些資產。儘管如此，馬多夫案想必還是讓他賠掉很大一部分的資產淨值。但是，把所有金融資產投資在兩家基金公司，當然遠好過全部投資在一家。只是在這起特殊案例中，這兩家基金公司，都隨著馬多夫墜入同一個黑洞。

除非是一個特別熱愛瘋狂冒險的人，否則通常都是因為參與了不曾體驗過的事件，才會賠掉絕大部分財產。能使我們賠錢的詐騙事件，永遠都是自己沒有預料到的那些。

因此，除非是才剛開始投資，且金額很小，否則把所有金融資產投資在一個或兩個投資項目中，並不是個理智決定。順道一提，把所有財產全都投入單一金融資產中（銀行存款、債券、股票等），也同樣不明智。必須分配財產到不同的投資項目上，才能降低因某起大型詐騙案而失去所有財產的風險。

分散投資的重要性

投資顧問常提到「多樣化」，但通常會把焦點放在多樣化能如何降低詐騙之外的其他風險。詐騙風險的問題在於，它有可能發生在投資過程中的任一階段，而投資顧問公司並不喜歡公開談論這件事，以免嚇跑顧客。不過，像金融服務管理局和證交會這樣的監管機關，會在網站上提供有用的防止詐騙指南。由於詐騙手法無時無刻都在推陳出新，所以定期上網檢視這些資料，能帶給我們很大幫助。

那麼，金融投資項目應該要多樣化到什麼程度？以直接投資個別股票來說，標準答案是投資12至18家公司才足夠。但多數人不喜歡投資個別股票，他們喜歡基金。基金理應能提供的各種好處，其中就包括良好的多樣性。但隨著近年來不斷增加的避險基金與其他奇特基金，基金的狀況變得越來越複雜。此外，正如先前提到的，大多數基金的長期表現算不上特別好（事實上，許多基金公司根本還沒撐得夠久，就已經倒了）。如今的投資環境中，在基金公司遇到詐騙的風險也明顯升高了，這實在令人困擾。因此，如果想投資基金公司，比較理智的做法將會是透過投資多間基金公司來分散詐騙風險，而不是只投資一、兩家。再來，也必須確保這些基金公司之間沒有密切關連（舉例來說，應該要確保並非全都隸屬同一集團底下）。

看待這個問題的其中一種方法，就是問自己：「若因某件不太可能發生的事，導致我的其中一項投資資產全因詐騙而蒸發，我能承受多少百分比的資產淨值虧損？」你可不能回答：「0%。」因為無論在任何金融投資中，都一定會有詐騙的風險。假設投資在馬多夫公司的金額，只是占你的金融資產的10％，詐騙案爆發時你確實會遭受嚴重損失，但這並不是世界末日。你甚至可能會在發現其他人失去更多時，對自己只投入10％而感到慶幸。我在科技泡沫的那段期間也被騙過，當時我投資1萬英鎊在電信與航太企業集團馬可尼公司（Marconi）。馬可尼的股價在兩周內漲了一倍，我當時應該要賣掉股票的，但我沒有。數個月後，馬可尼倒閉，股票被暫停交易。過了兩年，在馬可尼「重組」之後（基本上是債權人接管了馬可尼，99.5％的新股票都由債權人接收），我收到一張支票，若我沒記錯的話，上面的金額是1.5英鎊。有時候就是會發生這種事。雖然這件事令人氣惱（我至今依然懷疑馬可尼有違法行為），但我損失的錢在總資產中只占很小一部分，所以我的人生並沒有因此毀滅。

分散投資金額到各種不同的項目上，直到就算其中一項徹底失敗了，也不會因此毀掉你的人生。這是一個很棒的投資策略，但光這樣還不夠好。請考慮到這一點：**如果你進行所有投資時都是透過同一位顧問，或者只購買某一家大銀行的投資商品，會發生什麼事？如果你的顧問盜用客戶的財富，或者銀行不幸倒閉了，你將會面臨失去所有投資資產的後果**。

正確的做法是花一些時間，為詐騙導致投資失敗的機率，進行**謹慎的風險評估**。如果是在英國工作，很有可能會需要在公司進行職業安全與健康風險評估，這就能幫助你為投資進行風險評估。舉例來說，在工作場所中，該先在辦公室裡走一圈，找出可能會對人造成傷害的危險根源；投資時，我們也可以在腦海裡，於各種機構與投資流程之間走一圈，找出會傷害自己的可能性。我們可以在找出風險後進行評估，依照這些風險對財富造成的危害進行排序，並判斷能採取哪些措施來預防這些風險，或降低風險帶來的影響。我們應該要把監管機關與補償措施能提供的保護，也計算在內。舉例來說，在我撰寫本書的當下，存在英國商業銀行中的存款，會受到「金融服務補償計畫」（Financial Services Compensation Scheme）的保護，補償金最高是8.5萬英鎊。英國有些海外銀行中的存款不受此計畫的保護，所以必須到金融服務管理局的網站上，查看這個計畫的詳細資料，以確保自己的存款是否受到保障。冰島網路儲蓄銀行破產時，並沒有受到該補償計畫的保護。請把這些資料寫成一份風險評估清單，並妥善收好，你會很訝異地發現，清單上的小細節有多常出現變化。每隔一陣子，你就必須重新檢視並更新這份風險評估清單。雖然這或許會讓人覺得既無聊又制式化，但金融投資的相關小細節可是非常重要的。我們有可能會因為弄錯某個小細節而損失大筆財富，所以請務必承擔這個麻煩的責任，做好風險評估。順道一提，補償計畫的存在，不代表可以很快把錢拿回來，所以請記得在評估中，也含括時間的問題。

投資底線

多數人都懷有一種不切實際的想法，覺得股市或金融投資，大致上能帶來某種回報。一部分是因為那些在金融產業工作的人，看起來好像賺了很多錢，而且總會聽說又有某個二十多歲的年輕人，在某年拿到的紅利高到能直接買下一幢豪宅。這種事情很容易使人產生誤會。事實上，許多金融業員工的薪水並沒有那麼誇張。交易員（尤其是衍生性金融商品交易員）往往薪水好、年紀又輕，起薪通常落在每年3萬至4.5萬英鎊，等到操作經驗更豐富後，才能賺得真正的豐厚高薪。不過許多交易員根本還沒拿到真正的豐厚高薪就離開金融業，有時是因為被開除，有時則是因為再也無法忍受這份工作。

在金融業的其他領域，真正賺大錢的其實是基金經理人與資深主管。他們賺進口袋的錢大多不是來自投資成功的分紅，而是替客戶管理財富時收取的手續費。讓我們想像一家由大型企業設立的基金公司，打算在盧里坦尼亞王國出現突如其來的金融成長時，讓普通投資人可以參與投資。這家基金公司營運數年，表現不佳，等到盧里坦尼亞王國的經濟狀況崩盤後，基金公司就默默關閉或和其他基金公司合併了。公司中的經理人可能領有高薪——這些薪水來自投資人的錢——但這些經理人的投資成果卻不怎麼樣。簡言之，金融專家賺進口袋的大部分財富，都不是來自成功的投資，而是來自管理其他人的錢。我們可從2007年的美國次貸危機開始時，明顯看出許多金融專家為了優渥酬勞，而經營起最後必定會崩盤的騙局。舉例來說，貸款給那些無法負擔、終究會倒債的人，絕對算不上是真正成功的投資；又或者用過高價格，把那些可怕的貸款和其他資產同捆販賣給其他投資人，同樣算不上是好投資。更不用說，這些投資最後甚至導致整個產業兵敗如山倒，並引發持續數年的大型全球危機。

人們對股票投資抱持不實期待，也是因時常聽說某檔股票價格飆上雲霄。若仔細檢視那檔股票的歷史走向，就會發現價格會偶爾出現上升或下降，有時甚至維持數年。這時，我們很有可能會覺得早就應該在股價低點進場，並在股價達到高點時賣出，賺進巨額利潤。雖然這的確是有可能做到的事，但許多研究顯示，這種「適時進出市場」（market timing）的策略，整體來說不會帶來什麼好結果。此外，身為局外人的散戶投資人必須付出的交易支出，遠比專家還要高得多。因此，**頻繁買賣往往會降低整體報酬**。

那麼，如果我們採取理智的長期策略來投資股票，應該預期能獲得什麼樣的回報呢？倫敦商學院學者埃羅伊・迪姆森（Elroy Dimson）、保羅・馬許（Paul Marsh）與麥可・史丹頓（Mike Staunton）的知名研究指出，以非常長的時間尺度來看（以1900年至2011年為例），多數工業化國家的股票市場都會有正回報，但真正的平均年報酬率一直很低——大約5%左右，這其中也包括數年的負收益。因此，從實際操作面來說，若買進並持有某個股市中較具代表性的股票（如買進指數追蹤型基金），會發現某些年的收益比較高，某些年則會因股價比前一年還低而「賠錢」。這就是為什麼股市中的投資人，接收到的建議都是股票盡可能持有越久越好，如此一來才能把上下波動打平。

長期來看，股票是表現最好的一種金融資產。在如今基金長期收益相對較低、甚至有時帶來負收益的時代，這尤其是個很棒的好消息。

聽到投資的長期真實報酬率只能達到4%或5%時，許多人可能都會嗤之以鼻。但是，以保守方式進行管理的退休基金，通常會把這個數字當成目標。有時就是會賺得比較多，有時股市的狀況也會變得很糟，因為股價具有「波動性」（指股票會出現不可預測的上漲與下跌）。

如果想獲得更好的回報，就必須冒更大風險，去投資波動程度高於平均值的股票。這麼做當然沒什麼不好，但股票投資跟打電動不一樣，不能在情勢轉糟時砍掉重練。如果花了二十年投資風險較高的股票，有可能會獲得非比尋常的高報酬，但也可能讓你虧掉大量財產，而且沒有任何方法可以逆轉。

各位可以在我的另一本書《股市到底怎麼運作》（*How*

the Stock Market Really Works）中，找到針對此主題的詳盡討論。以當下目標來說，我建議的投資底線是**降低預期、長期與保守地投資**，藉此保護我們在心理上不會受到詐騙與非詐騙投資的誘惑。

資產配置

對散戶投資人來說，資產配置是個非常重要的概念。很顯然地，在單一詐騙事件中失去「畢生積蓄」的人，絕大多數都沒有進行有效的資產配置。因此，我們應該花點時間了解何謂資產配置。

進行資產配置時，最重要的就是把所有財產看作一大鍋湯，並考慮要如何分配這鍋湯給不同種類的資產，以求在可承擔的風險範圍內，獲得最佳整體收益。近年來，審慎的資產配置具有許多令人訝異的特質。其中之一就是利用資產配置在低風險下能獲得的收益，有可能等於、甚至超過拿所有錢去投資股市得到的收益。你可以運用資產配置達到最安定平穩的收益，這是用其他方法無法獲得的成果（換句話說，你獲得的是波動性極低的收益）。別忘了，馬多夫騙局能對投資人形成巨大吸引力的其中一個原因，就是宣稱可帶來非常穩定的收益。雖然資產配置無法使我們獲得如馬多夫假裝達到的極低波動性，但資產配置絕對可使你的收益往那個方向前進。

資產配置能做到這點，是因為不同種類的資產（如股票、房地產、債券和原物料）之間的關連性通常偏低。舉例來說，有時債券表現得很出色，但股票卻表現得非常糟；有些時候情況會完全顛倒。正確地分散投資到股票與債券中，就能降低投資組合的波動性（波動性就代表風險）。若你在不同國家的不同市場中，使用不同貨幣投資你謹慎選擇、彼此間沒有正相關的各種資產，那麼你的波動性將會變得更低。

完善資產配置是種需要特殊專長的技術，還必須了解特定的個人狀況。遺憾的是，如今有越來越多冷血的金融專家走得比我們更前面。他們可能會提供一些看似可獲得低波動收益的金融商品，試圖混淆我們。

此外，這個理論也讓我們知道，必須每隔一陣子就要「**再平衡**」（rebalance）資產配置。因為投資組合中的各種因素，將會隨時間推進而呈現不同的成長速率，改變我們原本配置好的風險。再平衡的過程中，必須賣掉某些資產分類中的投資項目，然後拿這些錢去投資其他項目，藉此使投資組合回歸原本的資產配置平衡，維持穩定風險。這麼做的其中一個好處在於，再平衡時通常會選擇在價格較高時賣掉投資項目。同時，再平衡也有一個需要注意的地方——有些寡廉鮮恥的顧問會過於頻繁地再平衡你的投資組合，藉此賺取手續費，這種行為稱為「炒單」（churning）。儘管監管機構不允許，但這種行為難以證實，所以選擇顧問時一定要小心謹慎。

如果對資產分配有興趣的話，可在猶他州楊百翰大學（Brigham Young University）副教授克雷格·以色列森（Craig Israelsen）的研究中找到更多相關資訊，他在美國散戶投資人的資產配置領域中是首屈一指的專家。此外，他也是極為聰明、謙遜又正直的人，和我們必須面對的那些沉悶金融專家不一樣。他的網站上有更多相關資訊可參考（網址是：www.7twelveportfolio.com）。

在投資叢林中保持理智

身為投資人，有很多方法可降低遇到詐騙時產生巨大虧損的風險。有太多投資人把所有時間都放在如何獲得最好的收益上了。我們應該為了自己竭盡所能，至少用相同時間釐清如何減少風險。不只是詐騙的風險，還有其他會導致投資虧損的風險。我們必須持續學習與金融相關的知識，從各式各樣的管道獲得相關資源，不能只看自己喜歡的報紙和電視新聞。此外，我們也要培養放鬆的能力，涉獵一點哲學思考。

雖然影星凱文·貝肯沒有證實，但報導指出他在馬多夫騙局損失5000萬美元！真是好大一筆錢啊！但是貝肯在公開談論他的虧損時，表現得落落大方，他指出自己依然擁有健康的身體、一幢房子、一個家庭和一份事業——他還有擁有很多值得感謝的東西。就算經歷重大打擊，人生還是會繼續下去。或許，我們應該以凱文·貝肯為榜樣。畢竟，人生中還有很多比錢更重要的事物。

【後記】

下個牛市，騙子將捲土重來

儘管有許多貪腐的政府官員因涉及這個爛攤子而鋃鐺入獄，但沒有任何華爾街人士因此被關入監牢。

在本書進入出版流程時，書中提到的一些事件有了新進展，我將部分發展詳列於此。若各位是散戶投資人，而且深深希望自己未來不會被騙的話，研究過去詐騙案的進行方式，能給大家很大幫助。不過我們也要記得，詐騙是永不會消失的；詐騙事件永遠沒有「了結」的一天。有些涉案人入監服刑，有些則逃過一劫。但是等到下一次金融繁榮期出現時，無論監管機構多麼努力預防，還是一定會有新的詐騙案出現，這就是世界運作的方式。身為散戶投資人，我們必須記得自己永遠都有可能會遇到詐騙，因此必須盡可能地謹慎提防。

LIBOR 醜聞與傑佛遜郡弊案

LIBOR醜聞還在緩慢地繼續進行。據稱蘇格蘭皇家銀行

（如今有81％由英國納稅人擁有），正在和英美兩國政府協商高額罰款，以及該由誰支付罰款的問題。許多政客指出，付錢的不該是英國納稅人，而是銀行家才對。有些人在LIBOR醜聞發生後，建議將LIBOR的部分法規，或足以取代LIBOR的新參考匯率制度轉移到其他國家。若這件事成真，英國金融業與倫敦身為全球領先金融中心的地位，將受到嚴重衝擊。目前為止，確認涉案的有三家主要銀行：巴克萊、瑞銀集團與皇家蘇格蘭銀行，但全球各地還有二十多家銀行正在接受與醜聞相關的調查或法律訴訟。就當前情勢看來，法院最後很有可能判定LIBOR的利率黑箱操作，是由多家大型銀行聯手執行的。換句話說，這個影響全球利率的詐欺案，是一個系統性、制度性的騙局。儘管未來絕對會改革LIBOR，但如今許多國家的經濟狀態都搖搖欲墜，導致政府的改革手段不太可能會像眾人期望般那麼激進。[1]

2013年6月初，政府宣布傑佛遜郡即將和債權人達成協議，降低價值數十億美元的債款並重新融資。根據報導，其中最引人注目的是同意放棄8.42億元債款的摩根大通，這筆錢大約是他們投入下水道計畫的七成。正如阿拉巴馬大學（University of Alabama）金融教授羅伯特．布魯克斯

1　英國金融服務管理局宣布，自2022年起不再要求銀行提供倫敦銀行同業拆放利率，使其將走入歷史。

（Robert Brooks）所說：「我想，任何具有邏輯思考能力的人，都不會認為他們（摩根大通）這麼做是因為人很好。如果你害別人受傷了，本來就應該想辦法彌補。」使許多美國人惱怒的是，儘管有許多貪腐的政府官員因涉及這個爛攤子（這是美國史上最大的政府破產案件）而鋃鐺入獄，但沒有任何華爾街人士因此被關入監牢。

如何妥善監督，但又不扼殺創新能量？

英國金融服務管理局在2013年4月正式廢除。2000年代，許多本書提及的詐騙案件一一浮上檯面。當時的金融服務管理局就像美國的證交會，無法在「低干涉」（light touch）的監管制度下拿出好成績。雖然並非所有人都公平地評論金融服務管理局，但證據顯示，金融服務管理局確實無法加強管制金融產業最糟糕的過度行為。詹姆斯・克洛斯比爵士（James Crosby）曾在蘇格蘭哈利法克斯銀行（Halifax and Bank of Scotland，HBOS）擔任執行長，直到2006年，再轉任金融服務管理局的副科長至2009年。克洛斯比之所以在2009年辭掉副科長職位，是因為曾在HBOS法規風險部門擔任主任的保羅・摩爾（Paul Moore）指控克洛斯比，在他警告HBOS的借貸方式會帶來極高風險後，就把他開除了。2003年4月，英國國會銀行標準委員會表示，克洛斯比應該為HBOS幾乎倒閉負起主要責任。該年6月，英國在克洛斯比的要求下正式剝奪其爵士頭銜。HBOS會出問題，主因似乎在於主管階層一廂情願的想法，而非蓄意違法。但是，克洛斯比在金融服務管理局擔任高階主管一事，也能讓我們清楚看出，為什麼從政治層面上來看，不可能讓金融服務管理局繼續擔任英國主要金融監管機關。金融行為監理總署（Financial Conduct Authority，FCA）與審慎監管局（Prudential Regulation Authority，PRA）取代了金融服務管理局，將會為了預防金融醜聞而獲得新的權力。然而最基本的問題依然沒有解決：要如何在監管倫敦金融城的同時，不扼殺金融城創造財富的能力？

避險基金陷阱與馬多夫事件後續

2000年代的經濟成長已經結束了，政府開始更深入地檢查避險基金公司的狀況。《富比士》雜誌在2013年3月刊登的一篇文章指出，美國的避險基金業充斥「過多不道德行為與非法活動」。紐約的美國股東權益律師事務所（Labaton Sucharow）對避險基金經理做了一次匿名調查，從中獲得一些有趣的發現，例如：46%的調查對象認為，他們的競爭對手很有可能涉入不道德行為或非法活動；35%覺得正在承受應該做出不道德行為或非法活動的壓力；30%表示具有如何在工作時違法的知識；54%認為證交會搜捕和起訴違法行為的效率低下。大西洋兩岸都有傳聞支持這項調查的種種發現，投資人請務必小心謹慎！

2000年代的許多著名詐欺犯（如艾倫・史丹佛）都已成舊聞，但其中最大的詐欺犯伯納德・馬多夫至今依然十分引人注目。馬多夫很有可能在美國與歐洲都認識一些重要高層人士，而這些人目前尚未受到適當制裁。2013年6月，設立於倫敦的馬多夫證券國際有限公司（Madoff Securities International Limited，MSIL）的債務清算人，起訴了馬多夫的多名親戚，包括梅迪奇銀行（Bank Medici）的創辦人索妮雅・克恩（Sonja Kohn）等人。債務清算人指出，馬多夫利用MSIL非法取走高額錢財。近期陸續出現許多與馬多夫醜聞有關的書與電影，因為從祕書到媳婦皆為該案的相關證人。與此同時，馬多夫自己則在美國繼續零星透露一些訊息，暗示他還有更多話要說，像是他曾宣稱多家大型銀行都「知道」他在做什麼，並透露願意為此在國會委員會作證。勞勃・狄尼洛（Robert De Niro）將在一部大製作的電影中飾演馬多夫，這部電影一定會很精彩[2]。狄尼洛說：「有趣的是，這部片和信任息息相關……我認為很有趣的一件事是，不管他們在商業和數字上有多聰明，到頭來，重點還是在於

2 2017年上映，片名為《龐式騙局》（*The Wizard of Lies*）。

人們的互動，以及他用什麼方法騙人。」期待狄尼洛能為這位大惡人的思維，提供更深入的見解！若說有任何演員能做到這點的話，那一定非他莫屬。

別輕信任何人

賽普勒斯的金融危機在2013年春天爆發後，喚醒了許多人以為早已消失無蹤的一抹幽魂：客戶放在賽普勒斯銀行中的存款，有可能被「徵稅」。有鑑於這一次的課徵，有可能是全球其他國家（尤其是在歐盟中出問題的區域）出現更多課徵的先例，這絕不是什麼好預兆。許多投資人認為，徵稅只不過是一種政府的偷竊行為。不過徵稅其實嚴重違反自由市場原則，對於整體投資界來說是個非常糟的消息：如果無法相信政府在這場遊戲中能保持公平，我們還能相信誰？

我有些朋友與同事來自西班牙等較有可能受到影響的國家，他們說自己已經為此做好準備。正如《聖經》詩篇所說：「你們不要倚靠君王，不要倚靠世人；他一點不能幫助。」投資人或許會在接下來幾年間，經歷一趟顛簸的旅程。

延伸閱讀

- Antar, S. , www.whitecollarfraud.com – Sam Antar's views on Crazy Eddie Inc.
- Arvedlund, E. , *Too Good to Be True: The Rise and Fall of Bernie Madoff*, New York, 2009.
- Babiak, P. and Hare, R. D. , *Snakes in Suits: When Psychopaths go to Work*, New York, 2006.
- Barchard, D. , *Asil Nadir and the Rise and Fall of Polly Peck*, London, 1992.
- Brummer, A. , *The Crunch: The Scandal of Northern Rock and the Escalating Credit Crisis*, London, 2008.
- Burrough, B. ,'Pirate of the Caribbean', *Vanity Fair*, Vol. 51, No.7 (3 June 2009), pp. 51-76, reprinted in Graydon Carter, *The Great Hangover: 21 Tales of the New Recession*, New York, 2010, pp. 251-275.

- Butterfield, S. , *Amway: the Cult of Free Enterprise*, New York, 1985.
- Campbell, D. , and Griffin, S. , 'Enron and the End of Corporate Governance' in S. MacLeod (ed.), *Global Governance and the Quest for Justice*, Oxford, 2006, pp. 47-72.
- Cleckley, H. , *The Mask of Sanity*, 5th ed. St Louis, MO, 1976.
- Culp, C. and Hanke, S. , 'Empire of the sun: an economic interpretation of Enron's energy business', *Policy Analysis No. 470*, Cato Institute, Washington DC, 2003.
- Dalmady, A. ,'Duck Tales', *VenEconomy Monthly* (January 2009), pp. 11-15.
- Deakin, S. and Konzelmann, S. ,'After Enron: an age of enlightenment? ', *Organization*, 13, 2003, pp. 583-587.
- Drew, J. and Drew, M. ,'Who was Swimming Naked when the Tide went out? Introducing Criminology to the Finance Curriculum', School of Criminology and Criminal Justice, Griffith University, Nathan, Australia. 2011.
- Elfrink, T. ,'SEC Says Texas Financier Sir Allen Stanford Swindled Investors Out of Billions', *Dallas Observer* (Texas), 9 April 2009.

- 查爾斯．佛格森（Charles Ferguson）、查德．貝克（Chad Beck）與亞當．伯特（Adam Bolt），《黑金風暴》（*Inside Job*），紀錄片劇本，索尼影視，2010，www.sonyclassics.com/awards-information/insidejob_ screenplay.pdf
- FitzPatrick, R. and Reynolds, J. , *False Profits: Seeking Financial and Spiritual Deliverance in Multi-Level Marketing and Pyramid Schemes*, Charlotte, N.C., 1997.
- Fusaro, P. and Miller, R. , *What Went Wrong at Enron*, London, 2002.
- Groia, J. , Badley, J. and Jones, A. , *The Aftermath of Bre-X: The Industry's Reaction to the Decision and the Lessons We All Have Learned*, a paper prepared for the PDAC Conference, Toronto, March 4, 2008. www.groiaco.com/pdf/The_Aftermath_ of_Bre-X_Mar_4-08.pdf
- 羅伯特．海爾（Robert Hare），《沒有良知的人：那些讓人不安的精神病態者》（*Without Conscience: The Disturbing World of Psychopaths Among Us*, New York, 1998），遠流出版，2017
- 黛安娜．亨利克（Diana B. Henriques），《謊言教父馬多夫》（*The Wizard of Lies: Bernie Madoff and the Death of Trust*, London, 2011），時報出版，2012

· Herzog, A. , *Vesco: From Wall Street to Castro's Cuba, the Rise, Fall, and Exile of the King of White Collar Crime*, New York, 1987.

· Hodgson, G. , Page, B. and Raw, C. , *Do You Sincerely Want To Be Rich*? , New York, 1971.

· Lawson, G. , *Octopus: Sam Israel, the Secret Market, and Wall Street's Wildest Con*, New York, 2013.

· Lewis, M. , *Liar's Poker*, London, 1990.

· Lowenstein, R. , *When Genius Failed: The Rise and Fall of Long-Term Capital Management*, London, 2001.

· Madoff Mack, S. , *The End of Normal: A Wife's Anguish, A Widow's New Life*, New York, 2012.

· 哈利・馬可波羅（Harry Markopolos），《不存在的績效：穩定報酬的真相解密！馬多夫對沖基金騙局最終結案報告》（*No One Would Listen: A True Financial Thriller*, Hoboken, N.J., 2010），寰宇出版，2019

· McLean, B. and Elkind, P. , *The Smartest Guys in the Room: The Amazing Rise and Scandalous Fall of Enron*, New York, 2004.

· Mollenkamp, C. and Norman, L. , 'British bankers group steps up review of widely used Libor', *Wall Street Journal*, 17 April 2008, p. C7.

- Mollenkamp, C. and Whitehouse, M. , 'Study casts doubt on key rate; WSJ analysis suggests banks may have reported flawed interest data for Libor', *Wall Street Journal*, 29 May 2008, p. A1.
- Peel, M. , *Nigeria-Related Financial Crime and its links with Britain*, Chatham House, London, 2006.
- SEC, 'Report of Investigation: Investigation of the SEC's Response to Concerns Regarding Robert Allen Stanford's Alleged Ponzi Scheme', United States Securities and Exchange Commission, Office of Inspector General, Case No. OIG-526, New York, 31 March 2010.
- Shafir, E. , Diamond, P. and Tversky, A. ,'Money Illusion', *The Quarterly Journal of Economics*, Vol. 112, Issue 2, May 1997, pp 341-374.
- 安德魯・羅斯・索爾金（Andrew Ross Sorkin），《大到不能倒：金融海嘯內幕真相始末》（*Too Big to Fail: The Inside Story of How Wall Street and Washington Fought to Save the Financial System--and Themselves*, New York, 2010.），經濟新潮社，2010
- Staley, K. , *The Art of Short Selling*, New York, 1997.
- Taibbi, M. , 'Looting Main Street', *Rolling Stone*, 31 March 2010.

· Valentine, D. , 'Pyramid Schemes', Prepared statement presented at the International Monetary Fund's Seminar on Current Legal Issues Affecting Central Banks, Washington D.C., 13 May 1998. www.ftc.gov/speeches/other/dvimf16.shtm

· 麥可・伍德福特（Michael Woodford），《告密者：Olympus前執行長捨命揭露20年假帳的故事》（*Exposure: Inside the Olympus Scandal: How I Went from CEO to Whistleblower*, London, 2012），商業周刊，2013

訴訟案件

如今我們可在政府破產接管人、金融監管機關與其他專業機構和政府機構的網站上，找到許多著名金融案件的相關法庭文件，這些網站包括：

· www.stanfordfinancialreceivership.com
史丹佛國際銀行的破產接管人。

· www.justice.gov
美國司法部

· www.c-span.org
傑出的美國公共事務電視，可找到政府聽證會相關資料。

- www.parliamentlive.tv/Main/Home.aspx
  英國國會電視臺（Parliament TV）會針對近期的金融醜聞案調查，提供詳細報導。
- www.madofftrustee.com
  馬多夫基金的破產接管人
- www.fsa.gov.uk
  金融行為監管局
- www.fca.org.uk
  金融行為監理總署
- www.bankofengland.co.uk
  英格蘭銀行
- 審慎監管局（PRA）

特選案件

請留意：與本書詐欺案相關的案件數量極為龐大，在此只列出極少一部分的案件。許多文件都能在網路上找到，但由於網址可能會有變動，因此本書在此不提供網址。找到這些案件的最好方法，就是直接在網路上尋找下列案件。若您有存取權的話，也可選擇使用LEXIS這類的搜尋引擎或法律資料庫。

- Pendergest-Holt *v* Certain Underwriters at Lloyd's of London, 2010 U.S. Dist. LEXIS 108920 (S.D. Tex. Oct. 13, 2010).
- SEC *v* Stanford Int'l Bank, Ltd., Case No. 3:09-cv-0298-N (N.D. Tex. Mar. 12, 2009).
- Adams *v* Stanford, Case No. 4:09-cv-00474 (S.D. Tex. 2009).
- Stanford Group Co. *v* Tidwell (In re Stanford Group Co.), 273 S.W.3d 807 (Tex. App. Houston 14th Dist. 2008).
- United States *v* Davis, Criminal Case No. H-09-335 (U.S. District Court, S.D. Tex., August 27, 2009).
- United States *v* Stanford, Criminal Action No. H-09-342-1 (S.D. Tex. 2009).

國家圖書館出版品預行編目（CIP）資料

金融騙局：驚世詭計大揭密，寫給所有投資人的警示書 / 李奧・高夫（Leo Gough）作；聞翊均譯 . -- 初版 . -- 臺北市：今周刊出版社股份有限公司 , 2021.12
面；　公分 . --（投資贏家系列；55）
譯自：The con men : a history of financial fraud and the lessons you can learn.
ISBN 978-626-7014-20-2（平裝）

1. 金融犯罪　2. 詐欺罪

548.545　　110016141

投資贏家系列 055

金融騙局

驚世詭計大揭密，寫給所有投資人的警示書

The Con Men: A History of Financial Fraud and the Lessons You Can Learn

---

作　　者　李奧・高夫（Leo Gough）
譯　　者　聞翊均
編　　輯　蔡緯蓉、許訓彰
副總編輯　鍾宜君
校　　對　李韻、許訓彰
行銷經理　胡弘一
行銷企畫　林律涵
封面設計　兒日設計
內文排版　家思編輯排版工作室

出 版 者　今周刊出版社股份有限公司
發 行 人　梁永煌
社　　長　謝春滿
副總經理　吳幸芳
副 總 監　陳姵蒨

地　　址　台北市中山區南京東路一段 96 號 8 樓
電　　話　886-2-2581-6196
傳　　真　886-2-2531-6438
讀者專線　886-2-2581-6196 轉 1
劃撥帳號　19865054
戶　　名　今周刊出版社股份有限公司
網　　址　http://www.businesstoday.com.tw

總 經 銷　大和書報股份有限公司
製版印刷　緯峰印刷股份有限公司
初版一刷　2021 年 12 月
初版三刷　2022 年 5 月
定　　價　360 元

Investment

Investment